T0198632

#philosophieorientiert

In der Politik, in der Gesellschaft aber auch im Alltäglichen haben wir es immer wieder mit grundsätzlichen Fragen danach zu tun, was man tun soll, was man glauben darf oder wie man sich orientieren sollte. Also etwa: Dürfen wir beim Sterben helfen?, Können wir unseren Gefühlen trauen?, Wie wichtig ist die Wahrheit? oder Wie viele Flüchtlinge sollten wir aufnehmen? Solche Fragen lassen sich nicht allein mit Verweis auf empirische Daten beantworten. Aber sind die Antworten deshalb bloße Ansichtssache oder eine reine Frage der Weltanschauung? In dieser Reihe zeigen namhafte Philosophinnen und Philosophen, dass sich Antworten auf alle diese Fragen durch gute Argumente begründen und verteidigen lassen. Für jeden verständlich, ohne Vorwissen nachvollziehbar und klar positioniert. Die Autorinnen und Autoren bieten eine nachhaltige Orientierung in grundsätzlichen und aktuellen Fragen, die uns alle angehen.

Bisher erschienene Bände:
Jens Kipper, Künstliche Intelligenz – Fluch oder Segen? | Friederike Schmitz, Tiere essen – dürfen wir das? | Bettina Schöne-Seifert, Beim Sterben helfen – dürfen wir das? | Hilkje Charlotte Hänel, Sex und Moral – passt das zusammen? | Dominik Balg, Toleranz – was müssen wir aushalten? | Johannes Giesinger, Wahlrecht – auch für Kinder? | Jan-Hendrik Heinrichs & Markus Rüther, Technologische Selbstoptimierung – wie weit dürfen wir gehen?

http://www.springer.com/series/16099

Tim Henning

Die Zukunft der Menschheit – soll es uns weiter geben?

 J.B. METZLER

Tim Henning
Mainz, Deutschland

ISSN 2524-468X   ISSN 2524-4698   (electronic)
#philosophieorientiert
ISBN 978-3-662-65535-1   ISBN 978-3-662-65536-8   (eBook)
https://doi.org/10.1007/978-3-662-65536-8

Die Deutsche Nationalbibliothek verzeichnet diese Publikation in der Deutschen Nationalbibliografie; detaillierte bibliografische Daten sind im Internet über http://dnb.d-nb.de abrufbar.

Planung/Lektorat: Franziska Remeika
J.B. Metzler ist ein Imprint der eingetragenen Gesellschaft Springer-Verlag GmbH, DE und ist ein Teil von Springer Nature.
Die Anschrift der Gesellschaft ist: Heidelberger Platz 3, 14197 Berlin, Germany

Für Lutz und Tilda

Inhaltsverzeichnis

1

Einleitung

„Mehr als jemals zuvor in unserer Geschichte steht die Menschheit an einem Scheideweg. Ein Weg führt zu Verzweiflung und tiefer Hoffnungslosigkeit, der andere zu totaler Selbstzerstörung. Beten wir, dass wir die Weisheit haben, den richtigen Pfad zu wählen!"

Woody Allen (Allen 1979)

Wie lange wird es Menschen geben? Hat die Menschheit eine lange und gedeihliche Zukunft vor sich? Leben Menschen noch in vielen Jahrtausenden, in Einklang mit sich und mit dem Rest der Welt? Oder ist die Zukunft der Menschheit eher dunkel und leidvoll – und womöglich sehr kurz?

Kaum jemandem ist die Zukunft der Menschheit gleichgültig. Vielen von uns fällt es leicht, in Sorge über unsere Weiterexistenz zu verfallen. Andere glauben unbeirrt an einen Fortschritt in eine glückliche Zukunft – nicht ohne

© Der/die Autor(en), exklusiv lizenziert an Springer-Verlag GmbH, DE, ein Teil von Springer Nature 2022
T. Henning, *Die Zukunft der Menschheit – soll es uns weiter geben?*, #philosophieorientiert, https://doi.org/10.1007/978-3-662-65536-8_1

ungläubige Blicke der Pessimist:innen unter uns auf sich zu ziehen (vgl. Pinker 2018). Wieder andere hoffen sogar darauf, dass die Menschheit *keine* lange Zukunft mehr hat. Sie glauben, dass die Welt ohne Menschen besser dran ist, und treten womöglich in den *birth strike* (Haas 2019).

Wenn uns die Aussichten für die Zukunft der Menschheit düster erscheinen, oder auch rosig, stützen wir uns auf Wertüberzeugungen. Aber welche Ideale und Werte sind beteiligt, wenn uns ein zukünftiges Szenario als erschreckend oder als erstrebenswert erscheint? Und sind diese Wertüberzeugungen ihrerseits stichhaltig und vernünftig? Oder basieren unsere Ängste und Hoffnungen für die Zukunft der Menschheit lediglich auf unvernünftigen, ungereimten Impulsen?

Dieses Buch diskutiert philosophische Ansichten darüber, unter welchen Bedingungen die zukünftige Existenz menschlichen Lebens erstrebenswert wäre. Es versucht, zu verstehen, ob und warum die Zukunft der Menschheit etwas ist, das uns Sorgen machen sollte. Ist es denn wirklich wichtig, ob die Menschheit eine Zukunft hat? Oder ist es, in aller Nüchternheit gesagt, gleichgültig?

1.1 Erstes Schreckensszenario: Überbevölkerung

Da viele unter uns speziell zur Sorge neigen, bieten unsere Sorgen über die Zukunft sich als erste Anhaltspunkte an. Unser Nachdenken über die Zukunft der Menschheit stößt derart schnell auf bedrohliche Aussichten, dass es schwer ist, verschiedene Sorgen zu unterscheiden. Aber genau zu unterscheiden ist eine der wichtigen Voraussetzungen für Fortschritt in philosophischen Fragen.

Ich schlage vor, mindestens zwei Arten von Sorgen zu unterscheiden, die wir uns über die Zukunft der Menschheit machen können. Eine erste Sorge wird deutlich, wenn wir uns Prognosen über die Anzahl der Menschen ansehen, die schon in naher Zukunft die Erde bevölkern werden. Über viele Jahrtausende hinweg hat die Weltbevölkerung weit unter der Marke von 1 Mrd. Menschen gelegen. Aber seit dem frühen 19. Jahrhundert, also in einem Zeitraum von gut 200 Jahren, ist sie explosionsartig auf 7,95 Mrd. Menschen (Januar 2022) angestiegen (Abb. 1.1).

Die Vereinten Nationen prognostizieren, dass dieser Anstieg sich fortsetzt und am Ende des 21. Jahrhunderts zu einer Bevölkerung von geschätzten 10,8 Mrd. führen wird. Daraus ergibt sich bei erster Betrachtung ein Eindruck einer unaufhaltsamen Dynamik. Aber das trügt. Vielmehr schätzen die Vereinten Nationen, dass die

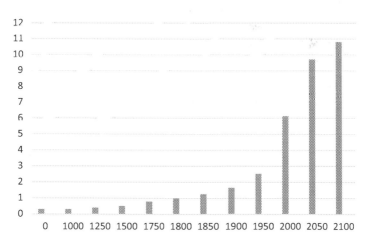

Abb. 1.1 Entwicklung der Weltbevölkerung, in Milliarden. (Quelle: ourworldindata.org, Oxford University)

jährliche Wachstumsrate, die bereits jetzt abnimmt, weiter sinkt, so dass bei der 10,8 Mrd.-Marke ein Gleichgewicht erreicht wird (vgl. Our World in Data 2022). Doch schon die Aussicht auf 10,8 Mrd. Menschen kann durchaus Anlass zur Beunruhigung sein. Derartig viele Menschen, so die Befürchtung, wären für den Planeten, sein Klima und seine Ressourcen eine große Belastung. Das kann dazu führen, dass die Menschen in der Zukunft eine geringere Lebensqualität haben werden. Außerdem können Ungleichheit und Verteilungskämpfe zunehmen.

Darüber hinaus haben gewiss auch andere Lebewesen und Ökosysteme unter der massiven Ausbreitung menschlichen Lebens zu leiden. Aber in diesem Buch geht es vorwiegend darum, wie es in verschiedenen zukünftigen Szenarien um Existenz und Wohl der zukünftigen Menschen bestellt ist. Diese anthropozentrische Perspektive soll auf keinen Fall damit begründet werden, dass die Belange und Ansprüche anderer Lebewesen nachrangig wären. (Das halte ich tatsächlich für falsch.) Der Grund ist vielmehr methodischer Art. Wenn wir beurteilen wollen, wie das Überleben der Menschheit gegenüber anderen Zielen zu gewichten ist, müssen wir zuerst genauer verstehen, ob und warum die zukünftige Existenz von Menschen überhaupt etwas Gutes darstellt.

Nun können wir in unseren Reaktionen auf das Wachstumsszenario, wie angekündigt, eine erste Sorge erkennen, die uns die Zukunft bereitet. Wir sorgen uns schlicht und einfach um das Wohlergehen der Menschen, die später leben. Wir sorgen uns darum, wie gut es ihnen ergeht, ob ihr Leben eher Siechtum und Kampf ist oder Freude und Gedeihen. Unsere erste Sorge lässt sich so auf den Punkt bringen: Da in der Zukunft Menschen existieren, sollen sie ein gutes Leben haben.

1.2 Zweites Schreckensszenario: Auslöschung

Das kommt gewiss erst einmal wie eine Binsenweisheit daher. Aber wir werden feststellen, dass diese Sorge sich in interessanter Weise von einer *zweiten* Sorge unterscheidet, die uns umtreiben kann. Diese zweite Sorge meldet sich besonders zu Wort, wenn uns klar wird, dass das *Anwachsen* der Weltbevölkerung nicht die einzige wahrscheinliche Option ist. Eine andere ist: *das Ende.*

Geht es mit uns Menschen in naher Zukunft zu Ende? Das ist weniger unwahrscheinlich, als man wahrhaben möchte. Die Stiftung *Global Challenges Foundation* veröffentlichte 2016 einen Jahresbericht mit einer frappierenden Schätzung: Die Wahrscheinlichkeit für einen heutigen Menschen, im Zuge einer Auslöschung der gesamten Menschheit zu sterben, sei insgesamt etwa fünfmal so hoch wie die aktuelle Wahrscheinlichkeit für einen durchschnittlichen Amerikaner, bei einem Autounfall ums Leben zu kommen (Global Challenges Foundation 2016). Die Quellen solcher globalen existenziellen Bedrohungen sind uns natürlich nur allzu gut bekannt: Krieg und Terror, Klimawandel, Pandemien, Asteroiden, Nanotechnologien, künstliche Superintelligenz und so weiter.

Der Philosoph Toby Ord (Ord 2020) hat versucht, solche Risikofaktoren auf Grundlage unseres verfügbaren Wissens quantitativ einzuschätzen. Die Risiken variieren dabei stark. So liege z. B. das Risiko, dass die Menschheit im Laufe der nächsten 100 Jahre durch einen Asteroiden ausgelöscht wird, etwa bei 1:1.000.000, das Risiko, dass die Menschheit binnen 100 Jahren durch fehlgeleitete künstliche Intelligenz ausgelöscht wird, bei 1:30. In der Summe, so Ords deprimierendes Fazit, liege das Risiko einer Auslöschung der Menschheit in den nächsten 100 Jahren ungefähr bei 1:6.

Der Gedanke an ein bevorstehendes Ende der Menschheit ist für viele von uns vermutlich erschreckend. Doch auch wenn es schwerfällt: Wir sollten untersuchen, was genau uns an diesem Gedanken erschreckt. Es ist vielleicht nicht nur der Gedanke an die vielen Menschen (darunter wir selbst), die dabei einen schlimmen Tod finden würden. Über das gewaltige Sterben hinaus ist auch der Gedanke, dass es danach kein neues menschliches Leben mehr geben würde, erschreckend.

Derek Parfit – ein Philosoph, dessen Arbeiten uns in diesem Buch oft begegnen werden – zeigt dies an einem Gedankenexperiment. Er lädt uns ein, drei Zukunftsszenarien zu vergleichen:

a) Friede;
b) ein nuklearer Krieg, der 99 % aller Menschen tötet;
c) ein nuklearer Krieg, der 100 % aller Menschen tötet.

Klar ist, dass wir Frieden für besser halten als die beiden anderen Szenarien. Ebenso klar ist es, dass wir die vollständige Auslöschung der Menschheit für schlimmer halten als die weitgehende, aber nicht vollständige Auslöschung. Das ist unkontrovers. Interessant wird es jedoch, wenn man die Differenzen zwischen den Szenarien beurteilt. Wie Parfit beobachtet, würde es ja zunächst durchaus nahe liegen, dass ein größerer Wertunterschied zwischen Frieden und weitgehender Auslöschung besteht als zwischen weitgehender und vollständiger Auslöschung. Immerhin unterscheiden sich *a)* und *b)* durch eine viel größere Anzahl zusätzlicher Opfer, als *b)* und *c)* es tun.

Im Gegensatz dazu bekundet Parfit, er sehe zwischen der weitgehenden und der vollständigen Auslöschung den dramatischeren Unterschied. Zwar kostet der Wechsel von

Szenario *b)* zu Szenario *c)* zunächst weniger zusätzliche Todesopfer als der Wechsel von *a)* zu *b)*. Aber er kostet etwas anderes: *das Überleben der Menschheit,* also die Aussicht auf die Existenz vieler weiterer Generationen von Menschen. Parfit schreibt: „Unsere Zivilisation existiert erst wenige tausend Jahre. Wenn wir die Menschheit nicht auslöschen, könnten diese paar tausend Jahre nur ein kleiner Bruchteil unserer Zivilisationsgeschichte sein" (Parfit 1984, 453 f., Übers. T.H.).

Nun muss man Parfits Bewertung nicht rundheraus recht geben. Aber in einem Punkt können wir ihm beipflichten: Über die Aussicht vieler individueller Todesopfer hinaus ist das Ende der Menschheitsgeschichte etwas, das eine eigene Tragik und einen eigenen Schrecken besitzt.

Das gilt sogar dann, wenn wir uns dieses Ende der Menschheit als frei von Gewalt und Leid vorstellen. Wir können uns ausmalen, dass alle Menschen in wenigen Generationen sowohl die Fähigkeit als auch das Interesse an der Fortpflanzung verlieren. Die letzte Generation Menschen würde, sagen wir, in etwa hundert Jahren beginnen. Danach würde die Menschheit sang- und klanglos verschwinden und eine Geisterwelt voller vereinsamter menschlicher Artefakte und unvollendeter Projekte hinterlassen. Der Philosoph Samuel Scheffler, der dieses Szenario anführt, behauptet, diese Aussicht sei, wenn wir sie ernst nehmen, „unerträglich deprimierend" (Scheffler 2018, 42).

Zugegeben, es geht nicht allen Menschen so. Wir werden schon bald die Sichtweise kennen lernen, dass ein bevorstehendes Ende der Menschheit alles andere als ein erschreckendes Szenario darstellt, sondern geradezu etwas Wünschenswertes. Der sogenannte Anti-Natalismus behauptet: Die Menschheit sollte aufhören zu existieren. Wir sollten friedlich aussterben. Und das gilt Anti-Natalist:innen zufolge nicht etwa nur deshalb, weil die Kosten der menschlichen Existenz für *andere* Lebewesen und Ökosysteme so hoch sei. Der Gedanke ist noch radikaler: Auch ganz für sich betrachtet sei eine Weiterexistenz der Menschheit nichts Gutes, sondern ein Übel.

Zumindest bei erster Betrachtung dürften die meisten Leser:innen dieser Idee aber eher ablehnend gegenüberstehen. Unser intuitives Urteil passt eher zu Parfits und Schefflers Thesen. Der Gedanke an ein nahes Ende der Menschheit, wie friedlich es auch immer sein mag, ist tragisch.

Genau dies zeigt uns nun, dass es eine *zweite* Sorge gibt, die wir in Bezug auf die Zukunft der Menschheit hegen. Wir wollen nicht nur, wie oben gesagt, dass es zukünftigen Menschen, *wenn* es sie gibt, gut geht. Wir wollen offenbar auch, *dass* es zukünftige Menschen gibt. Unsere Sorge gilt der Weiterexistenz menschlichen Lebens. Wir hoffen, dass die Menschheit eine Zukunft hat.

1.3 Zukünftige Menschen – warum eigentlich?

Aber – *warum eigentlich*? Das ist die Frage, um die es in diesem Buch gehen soll. Die zuerst genannte Sorge ist wichtig, aber philosophisch nicht besonders spannend. Wenn wir davon ausgehen, *dass* es in Zukunft Menschen gibt (sogar sehr viele) – dann versteht es sich, dass sie genauso Gegenstand unserer Solidarität und unseres Mitgefühls sein sollten wie alle anderen Menschen auch. Menschen in der Zukunft sind in dieser Hinsicht einfach genauso wie Menschen, die räumlich entfernt sind – zwar „von hier" nicht zu erkennen, aber deswegen sicher nicht weniger wirklich und wichtig.

Zugegeben, auch über diesen letzteren Punkt wird gestritten. Es gibt eine lange Debatte in den Wirtschaftswissenschaften und der Philosophie darüber, ob die

Interessen zukünftiger Personen nur ein verringertes, diskontiertes Gewicht in unseren Überlegungen haben sollten (vgl. Heath 2021, Kap. 6). Und in der politischen Philosophie wird darüber diskutiert, ob wir möglichen zukünftigen Personen gegenüber so etwas wie Gerechtigkeitspflichten überhaupt haben können (vgl. Meyer 2018). Aber die verbreitete Ansicht lautet, dass zukünftige Menschen als solche die gleiche moralische Berücksichtigung verdienen wie gegenwärtige Menschen.

Die spannenderen philosophischen Fragen, die die Zukunft der Menschheit aufwirft, haben mit der zweiten Sorge zu tun. Immerhin, so zeigen die existentiellen Risiken, ist nicht ausgemacht, *ob* zukünftige Menschen existieren. Darin unterscheiden sie sich von Menschen, die nur räumlich entfernt sind, denn die existieren ja nun einmal. (Ihre Weiterexistenz mag auf dem Spiel stehen, aber ob diese Menschen überhaupt je existieren, ist keine Frage mehr.) Bei zukünftigen Menschen jedoch beinhaltet auch die Frage, *ob* sie jemals existieren werden, wichtige Wertfragen. Warum finden wir es denn eigentlich wichtig, dass es weitere Menschen geben soll? Gewiss, *wenn* es sie gibt, soll es ihnen gut gehen und sie sollen lange leben. Aber wir müssen in Bezug auf sie eben fragen: Warum sollte es sie überhaupt geben?

Man darf es sich mit dieser Frage nicht zu einfach machen. Man könnte ja sagen: „Naja, vielen jetzigen Menschen ist es wichtig, Kinder zu haben. Und wir wünschen uns die gleiche Möglichkeit eben auch für diese Kinder. Das führt in der Konsequenz zu dem Wunsch, dass die Menschheit weiter existiert." Diese Antwort greift etwas zu kurz. Denn wir können auch fragen, was genau dem Wunsch nach Kindern zugrunde liegt. Für viele Menschen ist dieser Wunsch mehr als nur ein blinder biologischer Imperativ (obwohl er natürlich eine nahe liegende evolutionäre Erklärung hat). Es erscheint uns als wertvoll, unser Leben mit Kindern zu teilen. Und für Menschen, die ein wenig darüber nachdenken, liegt auch dieser Wert nicht nur darin, sich eine gewisse Zeit an putzigen kleinen Wesen zu erfreuen (wie etwa an einem Haustier).

Nein: Zu einem wichtigen Teil ist der Wunsch nach Kindern vielmehr *genau der Wunsch, den wir hier verstehen wollen.* Wir möchten Menschen das Leben schenken, die ein eigenes Leben führen, ein Leben, das hoffentlich glücklich ist und das unser eigenes Leben weit überdauern wird. Unser Wunsch nach Kindern *ist* also (zumindest in Teilen) der Wunsch, dass es in Zukunft weitere Menschen geben soll. Also kann der Wunsch nach Kindern diesen Wunsch nicht *erklären.*

Wie viele Menschen in Zukunft existieren und wie es ihnen ergeht, scheint uns nicht gleichgültig zu sein. Es bietet sogar Stoff für regelrechte Albträume. Aber wenn wir sowohl in der völligen Auslöschung als auch im schrankenlosen Anwachsen der Menschheit etwas Bedrohliches sehen, scheinen wir umgekehrt auch Vorstellungen davon zu haben, was weniger schlimm, vielleicht sogar wünschenswert wäre. Gibt es zwischen den Extremen einer entvölkerten und einer überbevölkerten Welt ein richtiges Maß? Wie sollte die Menschheit überleben? Nur mit einer Antwort auf diese Frage können wir Anschlussfragen nachgehen: Gesetzt, wir wissen, was der Wert des menschlichen Überlebens ist, wie viel dürfen wir dem Rest der Welt für dieses Ziel zumuten?

Diese Fragen wirken wegen der Größe und der existentiellen Bedeutung ihres Gegenstandes einschüchternd. Und die Ambition, sie mit guten Gründen zu beantworten, kann vermessen erscheinen. Wie könnte es zu solchen Fragen etwas Vernünftiges zu sagen geben – etwas, das nicht bloß eine Bauchreaktion ist? Kann es hier so etwas wie gute Gründe oder sogar Argumente geben?

In solchen heiklen Gefilden – wo die Fragen groß und die Antworten unklar sind – ist die Philosophie zu Hause. Tatsächlich, so will dieses Buch zeigen, gibt es in der aktuellen Philosophie zu diesen Menschheitsfragen differenzierte und teils verblüffende Einsichten. Der Bereich der Philosophie, in dem diese Einsichten gewonnen und diskutiert werden, heißt Populationsethik.

Die Populationsethik diskutiert Fragen kleineren und größeren Maßstabs. Zum Beispiel werden wir fragen: Wenn wir einer neuen Person zur Existenz verhelfen (indem wir sie zeugen), tun wir ihm:ihr damit eigentlich einen Gefallen? Falls ja, hat diese Person dann Grund, uns dankbar zu sein – und sollten wir uns unsererseits verpflichtet fühlen, diese Art von Wohltat noch mehr möglichen Personen zu erweisen? Falls es sich aber nicht um eine wohltätige Handlung handelt, wem ist dann eigentlich unsere Sorge um das Weiterexistieren der Menschheit geschuldet? Um wessen willen wünschen wir uns eigentlich, dass es weiterhin menschliches Leben geben möge?

Im größeren Maßstab fragen wir: Wie verhalten sich Quantität und Qualität zukünftiger menschlicher Leben zueinander? Sollten lieber weniger menschliche Leben zur Existenz kommen, die dafür von privilegierten Verhältnissen profitieren und extrem zufrieden sind? Oder sollten wir jedes weitere menschliche Leben gleichermaßen willkommen heißen, auch wenn dies bedeutet, dass jeder zukünftige Mensch mit einer deutlich verringerten Lebensqualität vorliebnehmen muss?

Wir werden, wie schon gesagt, Argumente dafür kennenlernen, dass die Menschheit bald aussterben sollte. Gleichzeitig werden uns Argumente für die gegenteilige These begegnen – dafür also, dass die Menge der zukünftigen Menschen bis zur Grenze dessen anwachsen sollte, was für die Menschen noch lebenswert ist. Und schließlich erwarten uns Argumente für die frappierende

These, dass es ganz unmöglich ist, spätere Generationen zu schädigen.

Zunächst soll dieses Buch einen Überblick über die philosophische Diskussion geben. Doch es vertritt auch einen Standpunkt. Philosophische Ethik begibt sich zwar in schwieriges gedankliches Terrain. Aber das ist kein Grund, im Unentschiedenen zu verharren. Die Sichtweise, die ich vorschlage, dürfte vielen Leser:innen ein wenig pessimistisch vorkommen: Menschliche Existenz ist ein zwiespältiges Geschenk – zwiespältiger, als wir es uns oft eingestehen (s. Abschn. 9.2). Wir schulden es zukünftigen Menschen nicht etwa, ihnen diese Existenz zu ermöglichen. Vielmehr sind wir angehalten, ihnen die Risiken der Existenz nicht ohne gute Gründe zuzumuten. Solche guten Gründe dafür, die Weiterexistenz der Menschheit zu wollen, haben mit anderem zu tun – nicht zuletzt mit uns selbst.

2

Einige Klärungen vorab

In diesem ersten Kapitel soll es darum gehen, einige begriffliche und logische Grundlagen für die kommenden Argumente und Vorschläge zu diskutieren. Ich werde mich dabei bemühen, nicht allzu kleinkariert zu sein. Aber wenn sich Philosoph:innen in schwieriges Terrain vorwagen, sollte ihr gedankliches Instrumentarium einem Tauglichkeits-Check unterzogen werden. (Trotzdem können Leser:innen, die dieses Kapitel vorerst überspringen möchten, dies gefahrlos tun…)

2.1 Populationsszenarien

Wir werden verschiedene mögliche Zustände der Welt, oder auch: Szenarien, vergleichen, die sich hinsichtlich der Existenz zukünftiger Menschen unterscheiden. Dabei gilt es, zwei verschiedene Unterscheidungen zu beachten.

© Der/die Autor(en), exklusiv lizenziert an Springer-Verlag GmbH, DE, ein Teil von Springer Nature 2022
T. Henning, *Die Zukunft der Menschheit – soll es uns weiter geben?*, #philosophieorientiert,
https://doi.org/10.1007/978-3-662-65536-8_2

Manche Szenarien unterscheiden sich darin, *wer* existiert. Die Menschen, die in einem Szenario existieren, sind dann nicht oder nur zum Teil dieselben wie die, die in einem anderen existieren. Andere Szenarien unterscheiden sich darin, *wie viele* Personen existieren. In einigen der Szenarien existieren dann mehr oder weniger Personen als in anderen.

Szenarien werden wir mitunter tabellarisch darstellen und vergleichen. Dabei verzeichnen wir, welche Personen in den verschiedenen Szenarien existieren, und merken an, wie gut oder schlecht es ihnen in diesen Szenarien ergeht. (Mehr zur Idee individuellen Wohlergehens in Kürze.)

Hier ist ein erstes Beispiel:

	ALBERTA	BELINDA	CLARA
S1	glücklich	---	---
S2	gebeutelt	---	gebeutelt
S3	---	gebeutelt	glücklich

Die Zeilen solcher Tabellen beschreiben verschiedene mögliche Szenarien (mit kurzen Titeln wie „S1" und „S2"). Die Spalten stehen für Hinsichten, in denen sich diese Szenarien unterscheiden. Zumeist verzeichnen die Spalten das Los verschiedener möglicher Personen in den Szenarien. Das Symbol „---" zeigt dabei an, dass die Person, in deren Spalte es steht, im Szenario nicht existiert. (Es geht dabei wohlgemerkt nicht darum, ob eine Person, die bereits existiert, *fortan* nicht weiter existiert, sondern darum, ob eine Person *jemals* existiert, egal ob früher, jetzt oder in der Zukunft.)

Unterstellt wird, dass sich diese Szenarien in keiner sonstigen Hinsicht unterscheiden, die nicht in dieser Tabelle aufgeführt wäre. Abgesehen von den drei möglichen Personen Alberta, Belinda und Clara wird hier also über das Schicksal anderer Personen nichts ausgesagt. Das heißt nicht etwa, dass angenommen wird, dass keine weiteren Personen existieren, sondern, dass es hinsichtlich anderer Personen keine Unterschiede in ihrer Existenz oder ihrem Wohlergehen gibt.

Wir können nun die erwähnten Unterscheidungen dingfest machen. S1 unterscheidet sich von S2 und S3 darin, *wie viele* Menschen leben. In S1 leben weniger Menschen – einer statt zweien (plus der Rest der Welt). Vergleichen wir S1 mit einem der beiden anderen Szenarien, spreche ich (mit einer Terminologie von Derek Parfit) von einem Verschiedene-Anzahl-Vergleich. S2 und S3 hingegen unterscheiden sich nicht darin, wie viele Menschen existieren, sondern darin, *wer* existiert (Alberta und Clara vs. Belinda und Clara). Hier sprechen wir dann im Folgenden von einem Verschiedene-Menschen-Vergleich. Jeder Verschiedene-Anzahl-Vergleich muss dabei offenkundig auch ein Verschiedene-Menschen-Vergleich sein; umgekehrt muss aber nicht jeder Verschiedene-Menschen-Vergleich ein Verschiedene-Anzahl-Vergleich sein.

Es ist leicht, sich intuitiv zu überzeugen, dass diese Kategorien mitunter moralisch wichtige Faktoren erfassen. Vergleichen wir zunächst einmal die folgenden zwei Beispielfälle:

Fall 1

	ALBERTA
S1	sehr glücklich
S2	mäßig glücklich

Fall 2

	ALBERTA	BELINDA
S1	sehr glücklich	---
S2	---	mäßig glücklich

In Fall 1 haben wir es mit einem Dieselbe-Anzahl- und Dieselben-Menschen-Vergleich zu tun. Wir haben die

Wahl, ob ein und dieselbe Person entweder eine glückliche oder eine schwierige Existenz haben soll. Hier scheint klar, dass wir Szenario 1 bevorzugen sollten. Betrachten wir nun aber Fall 2, so finden wir einen Dieselbe-Anzahl- und Verschiedene-Menschen-Vergleich. Und hier liegen die Dinge sehr viel unklarer. Angenommen, Belinda in S2 hätte zwar ein schwierigeres Leben als Alberta in S1 es hätte, wäre aber insgesamt dennoch froh, zu leben. Können wir dann einfach beschließen, dass es besser ist, wenn Alberta existiert? Besser für wen? Sicher nicht für Belinda!

Betrachten wir außerdem den folgenden dritten Fall:

Fall 3

	ALBERTA	**BELINDA**	**CLARA**
S1	sehr glücklich	---	
S2	---	mäßig glücklich	mäßig glücklich

Fall 3 ist ein Verschiedene-Anzahl- und Verschiedene-Personen-Vergleich. Auch das gibt einen Eindruck von den schwierigen Fragen, denen wir uns in diesem Buch werden stellen müssen. Ist es besser, wenn nur einer gesunden Person ein ganz unbeschwertes Leben zuteil wird? Oder ist es besser, wenn *zwei* Leben gelebt werden, die zwar weniger unbeschwert, aber immer noch gut sind?

2.2 Wohlfahrt und Wohlfahrtsvergleiche

Ein Aspekt, der uns an zukünftigen Populationsszenarien besonders interessieren wird, ist die Frage, wie gut es den Menschen ergehen würde, die in diesen Szenarien existieren. Das liegt, wie gesagt, nicht daran, dass Menschen und ihr Wohl moralischen Vorrang vor allem anderen genießen. Sondern es liegt daran, dass eine wichtige Bedingung dafür, dass das Überleben der Menschheit *überhaupt* als etwas Wertvolles erscheint, darin besteht, dass dieses Überleben für diejenigen, denen es zuteil wird, ein Segen und kein Fluch ist.

Eine wichtige Voraussetzung unserer Diskussion ist, dass wir sinnvoll über das Wohl, die Wohlfahrt, das Wohlergehen oder kurz: das Glück von Personen sprechen können. Mit diesen Ausdrücken wird ungefähr dasselbe bezeichnet – nämlich das Ausmaß, in dem das Leben eines Wesens *für* dieses Wesen etwas Gutes ist. Was ist oder worin besteht Glück? Hierzu gibt es in der Philosophie verschiedene Ansichten, z. B.: Das Leben eines Wesens ist glücklich oder gut für es, wenn dieses Wesen *a)* überwiegend positive Gefühle hat, oder *b)* seine Wünsche sich erfüllen, oder *c)* ihm bestimmte objektive Güter (Gesundheit, Wohlstand, Freiheiten etc.) zuteil werden. In dieser philosophischen Frage nach der Natur des Glücks können wir neutral bleiben.

Auch darüber hinaus wirft die Rede von Wohlfahrt Fragen auf. Eine Frage ist *epistemischer* Natur, wie Philosoph:innen sagen. Sie hat damit zu tun, wie wir um die Wohlfahrt von Personen *wissen* (griechisch: *episteme*) können. Wie wollen wir herausfinden, wann es einer Person besser oder schlechter geht? Viele Autor:innen in der Populationsethik nehmen sich die Freiheit, diese Schwierigkeit für ihre Diskussion auszuklammern. Und wir folgen ihnen darin vorerst. Da uns allgemeine Wertfragen interessieren, werden auch wir in Bezug auf die Beispiele, mit denen wir uns befassen, vorerst frei erfinderisch verfahren. Wir werden also einfach festlegen, dass es verschiedenen Personen in verschiedenen Szenarien so-und-so gut oder schlecht ergeht. Was uns interessiert, ist die Frage, wie die so festgelegten Szenarien dann insgesamt zu bewerten sind.

Es ist zu betonen, dass wir nicht einmal in diesem Bereich, wo wir unsere Beispiele frei selbst beschreiben, vor bestimmten Fehlurteilen bezüglich des Wohlergehens von Personen gefeit sind. Ein warnendes Beispiel sind Behinderungen. Noch vor nicht allzu langer Zeit war ein beliebtes Beispiel für populationsethische Probleme die Entscheidung, einem Kind mit einer Behinderung oder einem Kind ohne eine solche Behinderung zur Existenz zu verhelfen. Wie selbstverständlich ging man dabei davon aus, dass man sich bei einer Behinderung auch eine Verminderung der Lebensqualität für die betreffende Person zu denken habe. In der Philosophie wird allerdings immer mehr betont, dass diese Annahme nicht selbstverständlich ist (z. B. Barnes 2016). Nicht nur ist sie in vielen Fällen falsch, sondern sie ist Teil einer systematisch verzerrten und schädlichen Sicht, die uns den Grad des Wohlergehens in einem Leben mit Behinderung unterschätzen lässt.

In diesem Buch werde ich daher Beispiele wie das einer möglichen Behinderung vermeiden. Ich werde mich auf Bedingungen konzentrieren, bei denen wir uns – so hoffe ich – etwas sicherer sein dürfen, dass sie im typischen Falle das Glück der Person selbst nachteilig beeinflussen, etwa Schmerzen, Depressionen, Armut oder Missbrauch. Auch hier gilt gewiss, dass Menschen es sogar unter diesen Bedingungen schaffen können, bemerkenswert glückliche Leben zu leben. Aber mit der Annahme, dass es nicht so ist, laufen wir vielleicht etwas weniger Gefahr, dass wir einfach unbewusste, potentiell diskriminierende Wertannahmen aufrufen und weiter propagieren.

Eine weitere schwierige Frage betrifft einen eher formalen Aspekt des Wohlergehens. Wir sprechen, wie gesagt, von der Wohlfahrt oder dem Glück als etwas, wovon Menschen *mehr* oder *weniger* zuteil wird. Es kann Menschen in manchen Fällen *besser* ergehen als in anderen, und sie genießen dann *größere* Wohlfahrt oder *mehr* Glück. Wie genau sind diese Aussagen zu verstehen? Ist das Wohl einer Person etwas, das man sinnvoll wie eine vergleichbare Quantität behandeln kann?

Diese Frage ist in verschiedenen Hinsichten schwierig. Eine wichtige Diskussion in der Philosophie und in den Wirtschaftswissenschaften betrifft die Frage, ob der Vergleich des Wohlergehens verschiedener Personen überhaupt Sinn ergibt. Es mag noch angehen, sich zu fragen, ob es Alberta in verschiedenen Szenarien besser oder schlechter ergeht. Aber kann man überhaupt sinnvoll fragen, ob es Belinda in einer Situation besser ergeht als es Alberta in einer anderen Situation ergeht? Wir werden hier aber unterstellen, dass solche Vergleiche möglich und sinnvoll sind. Mitunter werden wir sogar so tun, als sei die Wohlfahrt auf numerischen Skalen darstellbar. (Für Spezialist:innen: Wir werden unterstellen, dass das Wohlergehen verschiedener Personen auf einer *Verhältnisskala* vergleichbar ist, und dass der *Nullpunkt* ein natürlicher ist, unterhalb dessen das Leben negativen Wert hat, also ein Übel ist. Für mehr zum Thema, vgl. Adler 2019.) Das ist vereinfachend, hilft aber, moralische Probleme schärfer hervortreten zu lassen.

Keinesfalls soll damit behauptet werden, dass wir in allen Fällen die Frage, welchem Individuum es besser ergeht, klar beantworten können. Aber zumindest im Prinzip gibt es Antworten auf solche Fragen. Niemand überlegt sich ernsthaft, ob es hungernden Menschen in Kriegsgebieten wirklich schlechter ergeht als uns, oder ob dieser Vergleich überhaupt möglich ist.

Wir werden daher oftmals unterstellen, dass quantitative Vergleiche der Gesamtwohlfahrt von Personen möglich sind. Wir können dann den dritten Fall auch in numerischer Form angeben:

Fall 3

	ALBERTA	BELINDA	CLARA
S1	80	---	
S2	---	45	45

Diese Darstellung hat den Vorzug, das Problem eines solchen Verschiedene-Anzahl-Vergleichs deutlich zutage zu fördern. Denn es wird deutlich, dass Belinda und Clara zusammen betrachtet mehr Glück zuteil wird als Alberta alleine. In S2 wird mehr Glück verwirklicht. Zu den Fragen, die hier zu diskutieren sind, gehört nicht zuletzt die, ob wir dieses „Gesamtglück" vermehren sollen.

Eine verwandte Diskussion betrifft dabei nicht die Möglichkeit, sondern den *moralischen Status* von Wohlfahrtsvergleichen zwischen Personen. Verschiedene Philosoph:innen kritisieren die Idee, dass sich Freude und Leid verschiedener Personen verrechnen lassen, und dass wir die Nachteile einiger durch Verweis auf die Vorteile anderer als aufgewogen betrachten sollten. Die fraglichen Autor:innen – z. B. John Rawls (Rawls 1971) und Robert Nozick (Nozick 1974) – bemängeln, dass wir einige Individuen die Zeche für das Glück anderer zahlen lassen. Dieser Einwand wird auch so formuliert, dass die Gesamtsummentheorie die moralische „Separatheit von Personen" ignoriere.

Diese moralische Skepsis erscheint mir oft als durchaus berechtigt. Aber inwiefern sie in den Beispielen, die wir diskutieren werden, eine Rolle spielt, wird sich erst zeigen müssen. Es wird dort ja gerade unsere Aufgabe sein, zu fragen, ob und wie wir die Freude und das Leid von Menschen gegeneinander gewichten sollten. Wir sollten es daher nicht vorab pauschal für unerlaubt erklären.

Schließlich sei noch ein letztes Darstellungsmittel eingeführt. Die obigen Tabellen betrafen eine eher kleine Auswahl zukünftiger Personen. Wir werden aber auch

Vergleiche zwischen größeren Populationen anstellen.
Um solche Vergleiche zu veranschaulichen, haben sich –
wiederum seit Parfit (1984) – Balkendiagramme einer
bestimmten Form durchgesetzt. Ein Beispiel:

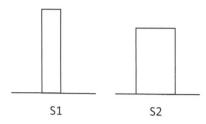

Die Konventionen sind diese: Die Breite eines Balkens
steht für die Anzahl der Personen, die in dem Szenario
existieren. In S2 leben dementsprechend etwa doppelt
so viele Menschen wie in S1. Die Höhe der Balken steht
für die Wohlfahrt dieser Personen. (Angenommen wird
dabei, dass alle Personen, für die der Balken steht, dieselbe Wohlfahrt haben. Und wiederum geht es nicht um
Momentaufnahmen, sondern darum, wie gut das Leben
der Personen insgesamt für sie ist.) Allen Menschen in S1
ergeht es demnach insgesamt besser als allen Menschen
in S2. Die Fläche eines Balkens kann dann so verstanden
werden, dass sie das „Gesamtglück" der Population darstellt. Da es in S2 doppelt so viele Menschen gibt wie in
S1 (Breite), ihr individuelles Wohlergehen aber mehr als
halb so hoch ist wie das derjenigen in S2 (Höhe), herrscht
mehr Gesamtglück (Breite mal Höhe).

Der untere Strich steht für ein Wohlergehen von null –
also für den Punkt, an dem das Leben einer Person aufhört,
gut für sie zu sein. Wir werden an späterer Stelle auch Fälle
zu besprechen haben, in denen der Balken von Menschen
unterhalb dieser Linie liegt, es ihnen also übel ergeht.

Die ethischen Fragen, zu denen solche Vergleiche ein-
laden, dürften bereits auf der Hand liegen: Ist es besser,

wenn es (wie in S1) weniger Menschen gibt, denen es dafür besser geht? Oder ist es vielmehr zu bevorzugen, wenn (wie in S2) mehr Menschen ein glückliches Leben zuteil wird, wenn auch eines, dass im Vergleich etwas weniger glücklich ausfällt als das der Menschen in S1?

Nach diesen technischen Themen wenden wir uns nun der Ethik zukünftiger Populationen zu.

3

Eine eigenartige Asymmetrie

Um die Rätsel in der Populationsethik zu finden, müssen wir nicht lange suchen. Die Frage, ob, wie viele und welche Menschen in Zukunft existieren sollen, erweist sich schon in alltagsnahen Fällen als unerwartet schwierig. Wir beginnen mit einem Problem, das der Philosoph Jeff McMahan (vgl. McMahan 1981) „Die Asymmetrie" getauft hat. Dieses Problem wird uns Anlass geben, einige erste Prinzipien der Populationsethik zu diskutieren. Und es wird uns zu der radikalen Idee führen, dass es moralisch besser wäre, wenn keine neuen Menschen mehr zur Existenz gelangen.

© Der/die Autor(en), exklusiv lizenziert an Springer-Verlag GmbH, DE, ein Teil von Springer Nature 2022
T. Henning, *Die Zukunft der Menschheit – soll es uns weiter geben?*, #philosophieorientiert, https://doi.org/10.1007/978-3-662-65536-8_3

3.1   Der gute Fall: Ein glückliches Leben zeugen

Die Asymmetrie ist ein kurioser Gegensatz in unseren Urteilen über Paare von Beispielen. Wir können sie vorab ganz einfach darstellen: Wenn ein Kind, das wir zeugen könnten, ein absehbar glückliches Leben hätte, so ist dies kein zwingender moralischer Grund, es zu zeugen. Aber wenn ein Kind, das wir zeugen könnten, ein absehbar fürchterliches Leben hätte, so gibt uns dies einen zwingenden moralischen Grund, dieses Kind *nicht* zu zeugen. Das Rätsel besteht in der Frage, was diesen entgegengesetzten Urteilen zugrunde liegt und wie sie miteinander vereinbar sein könnten.

Wir beginnen mit dem ersten der Fälle:

> **Beispiel: Der gute Fall**
>
> Wir könnten ein Kind zeugen. Wir dürfen dabei berechtigt davon ausgehen, dass dieses Kind insgesamt ein glückliches Leben haben würde. Niemand sonst hätte besondere Vor- oder Nachteile durch die Existenz oder Nichtexistenz dieses Kindes.

Gewiss mag man sich fragen, wie sicher wir uns in typischen Fällen sein können, dass ein Kind, das wir zeugen würden, ein glückliches Leben leben würde. Doch es wäre übertrieben skeptisch, davon auszugehen, dass uns solche Annahmen ganz unmöglich sind. Zumindest in Gesellschaften wie unserer gilt, dass die Mehrzahl der Menschen froh darüber zu sein scheint, zu existieren. In *Der gute Fall* nehmen wir uns einfach die Freiheit heraus, so zu tun, als hätten wir völlige Gewissheit.

Die weitere Annahme in diesem Falle lautet, dass für niemanden sonst etwas Gravierendes auf dem Spiel steht. Das ist zugegebenermaßen eine starke Vereinfachung oder sogar unrealistisch. Dennoch ist es legitim. Wir sollten uns nämlich auf die Frage konzentrieren, ob und in welchem Maße das absehbar glückliche Leben des möglichen Kindes *selbst* ein Grund ist, ihm zur Existenz zu verhelfen. Die Interessen Dritter sind für diese theoretische Frage etwas, das uns bloß ablenkt.

In Form einer Tabelle stellt sich das Beispiel *Der gute Fall* also folgendermaßen dar:

Der Gute Fall		
	ALBERTA	
S1	glücklich	
S2	---	

Wie beurteilen wir diese Optionen? Gewiss wäre es irgendwie schön, wenn ein weiteres glückliches menschliches Leben zur Existenz käme. Aber zugleich erscheint es den meisten Leser:innen als klar, dass wir als die möglichen Eltern in keiner Weise *verpflichtet* sind, dieses Kind zu zeugen. Und nicht nur haben wir keine Pflicht dazu. Es ist moralisch betrachtet sogar gänzlich *neutral*. Wäre es nicht so, dann dürfte man eine Rechtfertigung dafür verlangen, dass wir lieber kein Kind zeugen.

Der:die Leser:in mag denken: „Naja, vielleicht spricht *moralisch* nichts dafür. Aber warum gleich dieses schwere Geschütz auffahren? Warum nicht fragen, ob es *irgendetwas* gibt, das dafür spricht?" Die Antwort lautet: Es ist alles andere als abwegig, hier zuallererst an Moral zu denken. Immerhin geht es doch darum, ob ein glückliches menschliches Leben gelebt wird. Wenn dieses zukünftige

Glück eine Quelle von Gründen für uns ist, wie sollten diese Gründe kein moralisches Gewicht haben? (Kennen Sie denn irgendeinen anderen Fall, in dem so viel fremdes Glück in den Händen zweier Menschen liegt und sich doch keinerlei moralische Verpflichtung daraus ergibt?).

Und doch: Es erscheint total unproblematisch, einfach so kein weiteres Kind zu zeugen. Natürlich *haben* die meisten möglichen Eltern auch Gegengründe – die Gefahren einer Schwangerschaft, die Verantwortung in der Elternrolle, andere Pläne. Aber wir finden nicht einmal, dass solche Gründe erforderlich sind. Es braucht keinerlei Rechtfertigung, kein Kind zu zeugen.

Gewiss, es kann außergewöhnliche Fälle geben, in denen besondere Gründe es geboten machen, Nachwuchs zu zeugen – etwa dann, wenn eine alternde Gesellschaft zwingend auf Unterstützung durch nachfolgende Generationen angewiesen wäre. Doch das widerspricht dem Gedanken, um den es hier geht, nicht. Denn auch in diesen besonderen Fällen fühlt man sich nicht verpflichtet, Menschen zu zeugen, damit sie in den Genuss eines glücklichen Lebens kommen. Grundlage der Verpflichtung sind auch hier andere Erwägungen, nicht jedoch das zukünftige Glück der Kinder.

Um das noch deutlicher zu machen, können wir an die Ratschläge denken, die wir Menschen erteilen, die überlegen, Kinder zu bekommen. In einem (sehr lesenswerten) Buch über rationale Grundlagen einschneidender Entscheidungen beschreibt L.A. Paul (2014) diese Ratschläge:

> „Wenn sie darüber nachdenken, ihr erstes Kind zu bekommen, überlegen die Eltern *in spe*, was sie sich für ihr Leben wünschen und als welche Art von Person sie sich selbst sehen. Ratgeber für zukünftige Eltern schlagen oft vor, dass sie sich fragen sollen, ob ein Baby zu bekommen

ein bereits glückliches Leben weiter verbessern würde, und
sie ermutigen diese zukünftigen Eltern, darüber nachzu-
denken, wo sie sich in fünf oder zehn Jahren sehen, ob sie
sich bereit fühlen, sich um das menschliche Wesen, das
sie erschaffen möchten, zu kümmern und es zu ernähren,
ob sie glauben, dass sie eine glückliche und zufriedene
Mutter oder ein glücklicher und zufriedener Vater wären,
ob ein eigenes Baby ihrem Leben mehr Bedeutung verleihen würde, ob sie zu den Zugeständnissen bereit sind,
die die Elternschaft mit sich bringt, ob sie an ihren jetzigen
Karriereplänen und Projekten festhalten möchten, usw."
(Paul 2014, 73, Übers. T.H.)

Diese beispielhaft aufgezählten Überlegungen dürften
kaum für Überraschung sorgen. Sie können sogar ein
wenig wie Binsenwahrheiten wirken. Dabei *sind* sie eigentlich überraschend. Es ist sogar regelrecht rätselhaft, warum
wir diese Ratschläge nicht empörend finden – einseitig
und egozentrisch. Immerhin wird in allen diesen Rat-
schlägen nur thematisiert, wie es nach der Zeugung um
das Glück von *zwei* der insgesamt *drei* Betroffenen bestellt
ist. Es wird mit keiner Silbe erwähnt, das ja auch für das
Kind Pläne und eine Karriere auf dem Spiel stehen. Ist es
da nicht selbstbezogen, wenn zukünftige Eltern lediglich
ihre Karriere, *ihre* Pläne und *ihr* Glück etc. in Erwägung
ziehen?

Der Punkt wird noch klarer, wenn man bedenkt, dass
zukünftige Eltern nicht unbedingt nur an ihr eigenes
Leben denken. L.A. Paul erwähnt weiter, dass auch öko-
logische und demographische Erwägungen oft eine
berechtigte Rolle spielen (Paul 2014, 75). Aber gerade
dann, wenn Eltern nicht nur auf ihre eigenen Interessen
schauen, ist es verblüffend, dass *das Kind* dabei keine
Erwähnung findet!

Und doch erscheinen uns die vorgeführten Überlegungen nicht als egozentrisch oder gar empörend. Das bestätigt, wie tief verwurzelt unsere Überzeugung ist, dass das Glück eines möglichen zukünftigen Kindes uns nicht als Quelle von Gründen für eine Zeugung gelten kann.

Falls Sie Bedenken haben, überlegen Sie einmal, wie viele zusätzliche Menschen *Sie* bereits hätten zeugen können. Auch wenn Sie bereits viele Kinder haben – wäre da nicht noch mehr möglich gewesen? Und haben Sie je daran gedacht, ob dieses Versäumnis moralisch legitim war?

Alternativ können Sie sich auch vor Augen führen, wie bestimmte Religionen zu dem Thema stehen. Die christliche Religion z. B. nimmt die „Heiligkeit" menschlichen Lebens bekanntlich überaus ernst. Vielen christlichen Gläubigen gilt jedes menschliche Leben ab seiner Zeugung als unvergleichlich wertvoll und schützenswert. Deswegen gelten ihnen nicht nur Abtreibungen, sondern z. T. sogar Verhütungsmittel als falsch. Und doch glauben sogar diese Menschen nicht, dass wir moralisch zur Fortpflanzung verpflichtet seien. Ganz im Gegenteil, ein enthaltsames Leben, etwa das zölibatäre Leben in Klöstern und im Priesteramt, erscheint ihnen sogar als löblich.

Die meisten von uns, ob religiös oder nicht, würden also folgendes Prinzip unterschreiben:

Die Asymmetrie I

Das absehbar glückliche Leben einer möglichen zukünftigen Person ist kein moralischer Grund, diese Person zur Existenz zu bringen.

Unsere intuitiven Urteile stimmen mit *Die Asymmetrie I* überein. Aber wie ist das zu begründen?

3.2 Die Idee der Personen-Betroffenheit

Warum sollte das Glück einer möglichen zukünftigen Person uns keinen moralischen Grund geben, sie zu zeugen? Um das zu verstehen, hilft es, sich andere alltägliche Fälle anzusehen, in denen das Wohl einer Person uns sehr wohl moralische Gründe zu geben scheint. Nehmen wir:

Beispiel: Nachbar in Not

Unser Nachbar könnte unsere Hilfe gebrauchen. Sein Bein ist eingeklemmt, und nur wir können so schnell eingreifen, dass das Bein zu retten ist. Der Aufwand für uns ist gering.

Auch hier haben wir es in der Hand, ob das zukünftige Leben unseres Nachbarn glücklicher oder weniger glücklich ausfällt (unter der plausiblen Annahme, dass gesunde Beine im typischen Falle insgesamt einen positiven Beitrag zu unserer Lebensqualität leisten). Hier gilt: In *diesem* Falle ist der Beitrag zum Zustandekommen dieses möglichen Glücks moralisch gesehen nicht bloß neutral.

Einerseits finden wir es also wichtig, bereits existierenden Menschen (wie unserem Nachbarn) zu einem Leben zu verhelfen, das glücklich ist. Aber wir finden es nicht in derselben Weise wichtig, (noch-)nicht-existierenden Menschen (wie Alberta) zu einem glücklichen Leben zu verhelfen, indem wir sie zeugen. Der Philosoph Jan Narveson bringt dies auf den Punkt: „We are in favor of making people happy, but neutral about making happy people" (Narveson 1973, 80).

Wieso gibt es aber diesen Unterschied? Um das besser zu verstehen, müssen wir etwas genauer darüber nachdenken, wann jemand Ansprüche an uns haben kann. Wann müssen wir in einer Entscheidung die Interessen oder Ansprüche eines Lebewesens berücksichtigen? Das ist natürlich eine hochgradig kontroverse Frage. Aber eine elementare Anforderung scheint hinreichend klar zu sein: Wenn wir die Interessen oder Ansprüche eines Wesens berücksichtigen müssen, so deshalb, weil dieses Wesen in irgendeiner Weise von der Entscheidung berührt oder „affiziert" wird. Was wir tun oder nicht tun, muss für dieses Wesen einen Unterschied machen.

Diese Idee ist, wie gesagt, überaus einleuchtend. Trotzdem sollten wir sie noch etwas genauer ausbuchstabieren. Wann ist ein Wesen in relevanter Weise von einer Entscheidung affiziert? Zunächst einmal scheint es offenkundig zu sein, dass es einen interessanten Vergleich geben muss. Eine Entscheidung berührt ein Wesen in der relevanten Weise, wenn sich im Vergleich eine Veränderung ergibt, je nachdem, welche Option gewählt wird. Wir müssen, mit anderen Worten, komparativ verfahren. Des Weiteren ist klar, dass nicht jeder Vergleich etwas Wichtiges erfasst. Es muss sich vielmehr um Faktoren handeln, die irgendwie *gut* oder *schlecht, von Vorteil* oder *von Nachteil* für dieses Wesen sind. Fassen wir beides zusammen, so ergibt sich, dass das Betroffensein eines Wesens von einem evaluativen Vergleich abhängt. Einfach gesagt: Ein Wesen ist affiziert, wenn unsere Entscheidung dafür sorgen kann, dass es diesem Wesen *besser* oder *schlechter* ergeht.

In der Tat erscheint dieser Gedanke geradezu als zwingend. Er wird oft formuliert als ein Prinzip der *Personen-Betroffenheit* (ein *person-affecting principle* in der Terminologie Parfits). Wie wir feststellen werden, sind verschiedene solcher Prinzipien zu unterscheiden. Was wir soeben entwickelt haben, bezeichnet Parfit als die „enge" Variante:

> **Das Enge Prinzip**
>
> Ein Szenario ist nur dann besser als ein anderes, wenn es jemanden gibt, für den:die es besser ist.

Dieses Prinzip drückt die Idee aus, dass eine Verbesserung oder Verschlechterung keine Sache ist, die freischwebend nur den Makro-Zustand der Welt betrifft. (Gemeint ist dabei: eine moralisch relevante Verbesserung oder Verschlechterung. Das ist im Folgenden immer implizit mitgemeint.) Was die Welt besser oder schlechter macht, muss die konkrete Form einer Verbesserung oder Verschlechterung des Loses bestimmter Lebewesen annehmen. Es ist dabei zu beachten, dass das Prinzip nur eine notwendige Bedingung angibt. Es gilt also nicht etwa, dass immer dann, wenn es jemanden gibt, für den:die ein Szenario besser ist als ein anderes, das erstere Szenario besser ist. (Das kann schon deshalb nicht stimmen, weil viele Szenarien für manche Personen besser und für andere schlechter sind als die Alternativen). Der Gedanke ist nur: Wenn es niemanden gibt, für den:die ein Szenario besser ist, dann gibt es auch keinen relevanten Sinn, in dem es besser ist.

Genau dieses Prinzip kann uns nun erklären, was unseren intuitiven Urteilen zugrunde liegt. Vergleichen wir dazu das obige Beispiel der Zeugung von Alberta mit dem Fall des Nachbarn:

Der gute Fall	
	ALBERTA
S1	glücklich
S2	---

Nachbar in Not	NACHBAR
S1	glücklich
S2	Verlust des Beins

Hier zeigt sich: Die Hilfe für unseren Nachbarn „affiziert" oder „betrifft" eine bestimmte Person in der relevanten Weise. Je nachdem, ob wir unserem Nachbarn helfen oder nicht, ist er entweder glücklich oder weniger glücklich, ergeht es ihm also besser oder schlechter. Wir können also die Art von evaluativem Vergleich vornehmen, die das Enge Prinzip für Verbesserungen vorsieht.

Der Fall von Alberta verhält sich in einer entscheidenden Hinsicht anders. Zwar ist Alberta in einem der Szenarien glücklich. Aber wenn wir einen Vergleich zum anderen Szenario ziehen wollen, finden wir Alberta dort nicht etwa in einem schlechteren oder besseren Zustand vor. Wir finden sie *gar nicht* vor. (Zur Erinnerung: Das Zeichen „---" steht nicht etwa für einen Zustand, in dem Alberta sich befinden könnte, sondern dafür, dass es so jemanden wie Alberta gar nicht gibt.)

Was bedeutet das für die Frage, ob Alberta von der Zeugung in einer relevanten Weise „affiziert" oder „betroffen" wird? Angenommen, wir würden, indem wir Alberta zeugen, die Welt (in einer moralisch relevanten Weise) besser machen. Dann impliziert das Enge Prinzip, dass es jemanden geben muss, *für* den:die es sich um eine Verbesserung handelt. Wir haben angenommen, dass sich für andere Personen als Alberta keine relevanten Veränderungen ergeben. Wenn es also besser sein soll, Alberta zu zeugen, so muss dem Engen Prinzip zufolge gelten, dass es besser *für Alberta* ist, zur Existenz zu gelangen. Das mag nun zunächst einleuchtend erscheinen. Aber bei genauerer Betrachtung entpuppt es sich als seltsame Idee.

Der Philosoph und Ökonom John Broome weist (ebenso wie Parfit und andere) darauf hin, dass diese Aussage eine Umkehrung impliziert. Wenn S1 besser für Alberta ist als S2, so gilt umgekehrt auch, dass S2 schlechter für Alberta ist als S1. Aber wie kann das sein? In S2 *existiert* Alberta nicht. Und jemand, der:die nicht existiert, ist nicht etwa in einem irgendwie verminderten Zustand der Nicht-Existenz. Nein, Alberta ist dann einfach nicht vorhanden. Und damit *kann* sie nicht gut oder schlecht, oder besser oder schlechter dran sein. Also, so Broome, können wir umgekehrt nicht sagen, S1 sei *besser* für Alberta (vgl. Broome 1999, 168).

Wir können auch diesem Gedanken eine offizielle Formulierung angedeihen lassen:

> **Nichtexistenz ist Unvergleichlich**
>
> Ein Szenario, in dem jemand nicht existiert, ist für ihn:sie nicht besser oder schlechter als ein anderes.

Die Konsequenz dieses Prinzips für unser Beispiel ist: Wir können nicht sagen, dass S1 besser für jemanden ist als S2. Und da es sonst niemanden gibt, für den:die S1 besser ist, *und* weil das Enge Prinzip gilt, ergibt sich aus alldem zusammen die Erklärung für unser Urteil *Die Asymmetrie I.*

3.3   Der schlechte Fall: Ein qualvolles Leben zeugen

Schon die erste Hälfte der sogenannten Asymmetrie benötigt also durchaus mehr philosophische Klärung, als auf den ersten Blick erkennbar ist. Aber das eigentliche Problem kommt erst noch!

Betrachten wir nun also das komplementäre Szenario:

Beispiel: Der schlechte Fall

Wir könnten ein Kind zeugen. Wir müssen nach dem Urteil unserer Ärzte davon ausgehen, dass dieses Kind insgesamt ein qualvolles und kurzes Leben haben würde. Niemand sonst hätte besondere Vor- oder Nachteile durch die Existenz oder Nichtexistenz dieses Kindes.

Mehr noch als vorher gilt: Die Annahme, dass die Interessen anderer Individuen nicht relevant betroffen sind, ist natürlich streng genommen falsch. Gewiss haben wir als Eltern berechtigte Einsprüche dagegen, ein Kind zu haben, das ein so schreckliches Schicksal erleiden müsste. Aber wiederum ist es sinnvoll, diesen Umstand auszuklammern. Das hilft dabei, im Auge zu behalten, worauf es ankommt: nämlich, dass wir finden, dass das Leid des Kindes *selbst* hier bedeutsam ist.

Der Vollständigkeit halber betrachten wir auch hier eine Tabelle:

Der schlechte Fall	
	BELINDA
S1	extrem unglücklich
S2	---

Es gibt keinen Zweifel, dass die meisten Menschen in diesem Falle dieses Urteil vertreten:

Die Asymmetrie II

Das absehbar schreckliche Leben einer möglichen zukünftigen Person ist ein moralischer Grund, diese Person nicht zur Existenz zu bringen.

Die Schwierigkeit besteht nun darin, dieses Urteil mit unserem Urteil über den vorigen Fall zu vereinbaren. Warum ist zukünftiges Glück keine Quelle moralischer Gründe, zukünftiges Leid hingegen schon? Die Spannung zwischen unseren Urteilen wird erkennbar, wenn wir sehen, dass unsere obige Begründung für *Die Asymmetrie I* unser Urteil *Die Asymmetrie II* zu untergraben droht.

Wenden wir diese Begründung also an. Sie bestand aus dem Engen Prinzip und dem anderen Grundsatz, den ich *Nichtexistenz ist Unvergleichlich* getauft habe. Beginnen wir mit letzterem: Er impliziert, dass wir nicht sagen können, es sei besser für Belinda, nicht gezeugt zu werden. (Zugegeben, in diesem neuen Falle scheint es, dass wir genau das eigentlich sagen wollen. Aber es ist zu bedenken, dass die Überlegung von John Broome auch in diesem Falle Gültigkeit zu haben scheint: Wenn Belinda nicht gezeugt wird, dann gibt es die Person Belinda eben nicht, und dann ist gar nichts gut oder schlecht, besser oder schlechter für „sie".) Da es laut Voraussetzung auch sonst niemanden gibt, für den Belindas Nichtexistenz besser wäre, greift das Enge Prinzip. Es folgt, dass es nicht besser ist, wenn Belinda nicht existiert. Das erscheint als abwegig – aber es folgt eben aus genau den Annahmen, die es uns erlaubt haben, den ersten Teil der Asymmetrie zu erklären.

Wir betrachten nun eine Möglichkeit, diese abwegige Schlussfolgerung zu vermeiden. Im Anschluss daran fragen wir, was sich daraus für die Begründbarkeit von *Die Asymmetrie I* ergibt.

3.4 Existenzielle Güter und Übel

Wie entgehen wir dem eben vorgelegten Argument für die abwegige Konklusion? Es gibt eine Vielzahl von Vorschlägen dazu. Wir konzentrieren uns hier auf eine sehr eingängige Idee von Derek Parfit und Jeff McMahan. Diese Autoren argumentieren, dass die ethischen Prinzipien, die wir oben eingeführt haben, ein Stück weit modifiziert werden sollen. Fragen wir uns zunächst: Wieso sind wir denn sicher, dass das qualvolle Leben von Belinda etwas ist, das zu vermeiden ist?

Das Prinzip *Nichtexistenz ist Unvergleichlich* besagt ja, dass wir Belindas qualvolles Leben nicht direkt mit einem Zustand der Nichtexistenz vergleichen und für besser befinden können. Aber das scheint auch gar nicht unbedingt das zu sein, was hier nahe liegt. Wir vergleichen das schlechte mögliche Leben Belindas gar nicht mit der Alternative, sondern betrachten es *für sich*. Wir stellen nur Vergleiche innerhalb eines Lebens an. Speziell vergleichen wir die Dinge, die für sich selbst genommen oder – in technischer Ausdrucksweise – intrinsisch gut sind (etwa Freude, soziale Beziehungen, wichtige Erkenntnisse) mit den Dingen, die intrinsisch schlecht sind (Schmerz, Trauer, Einsamkeit, Enttäuschung). Und wir stellen fest: Es gibt ein Übergewicht des Schlechten.

In diesem Sinne können wir nun sagen: Dieses Leben wäre *schlecht* für Belinda. Das ist etwas anderes als die komparative Aussage, dass es *schlechter* ist als die Alternative. Und doch: Wie McMahan und Parfit beobachten, ermöglicht auch diese Aussage eine gewisse Art von Vergleich zur Nichtexistenz. Dieser Vergleich nutzt einen Kontrast: Zu existieren wäre schlecht für Belinda, und es ist nicht der Fall, dass die Nichtexistenz in demselben Sinne schlecht für Belinda wäre. McMahan sagt dann, die Existenz wäre ein *existentielles Übel* für Belinda. Im entsprechenden guten Falle von Alberta gilt: Die Existenz wäre ein *existentielles Gut* für Alberta, denn die Existenz wäre gut für sie, während es nicht der Fall ist, dass die Nichtexistenz in demselben Sinne gut für sie wäre.

Wir können das offiziell festhalten: Wenn eine bestimmte Person nur in einem von zwei Szenarien existiert, und wenn in dieser Existenz die intrinsischen Güter (bzw. Übel) überwiegen, so ist das Szenario im Vergleich zu dem anderen ein existenzielles Gut (bzw. Übel) für die Person.

Wenn wir nun unser Urteil *Die Asymmetrie II* begründen wollen, müssen wir behaupten, dass neben der komparativen Frage, was besser und schlechter für Personen ist, auch die Frage nach existenziellen Gütern und Übeln von Bedeutung ist. Dazu müssen wir das Enge Prinzip aufgeben. Wir weiten unsere Vorstellung von der Betroffenheit von Personen etwas aus und sagen, dass die Frage, ob ein Szenario besser oder schlechter ist als ein anderes, nicht nur davon abhängt, ob es *besser* oder *schlechter* für jemanden ist, sondern auch davon, ob es ein *existenzielles* Gut oder Übel für jemanden ist. Damit erhalten wir:

Das Erweiterte Prinzip

Ein Szenario ist nur dann besser als ein anderes, wenn es jemanden gibt, für den:die es besser oder ein existenzielles Gut ist.
Ein Szenario ist nur dann schlechter als ein anderes, wenn es jemanden gibt, für den:die es schlechter oder ein existenzielles Übel ist.

Mit diesem Prinzip können wir erklären, warum es besser ist, Belinda ihr schlimmes Los zu ersparen. (Dabei können wir an dem zweiten Prinzip, i.e. an *Nichtexistenz ist Unvergleichlich,* festhalten, das ja lediglich besagt, Nichtexistenz könnte nicht *besser* für Belinda sein.) Aber der:die Leser:in hat vielleicht bemerkt, dass wir damit vom sprichwörtlichen Regen in die Traufe gelangen. Da die Existenz für Alberta in *Der gute Fall* ja ein existenzielles Gut ist, wird mit dem neuen Prinzip nun wieder unklar, wie wir denn das erste unserer Urteile, i.e. *Die Asymmetrie I,* begründen können.

Dies ist das Problem, das mehrfach angekündigt wurde. Die Spannung zwischen unseren unbefangenen Urteilen über *Der gute Fall* und *Der schlechte Fall* zeigt sich daran, dass die naheliegenden Versuche, sie zu begründen, unmittelbar miteinander in Konflikt geraten.

Die Schwierigkeit ist dabei keine rein technische. Wir haben es mit einem echten Rätsel zu tun: Warum sollte das zukünftige Glück einer möglichen Person nicht moralisch ins Gewicht fallen, das zukünftige Leid einer möglichen Person aber schon? Was erklärt diese – nun, Asymmetrie?

4

Ist es immer falsch, neue Menschen zu zeugen?

Die Asymmetrie, die wir im letzten Kapitel kennen gelernt haben, ist nicht nur rätselhaft. Sie kann auch weitreichende Implikationen haben. Wir betrachten in diesem Kapitel einige Ansätze, um die Asymmetrie zu erklären – und wir werden sehen, dass sie zum Teil zu radikalen Sichtweisen führen.

4.1 Das tiefere Problem mit der Asymmetrie: Die Rolle des Guten

Wie können wir die Asymmetrie erklären? Das Enge Prinzip hätte zum Resultat, dass wir nicht erklären können, wieso die Zeugung Belindas in *Der schlechte Fall* die schlechtere Alternative ist. Denn damit ein Szenario schlechter ist, müsste es ja für jemanden schlechter sein – und das gilt ja *Nichtexistenz ist Unvergleichlich* zufolge

© Der/die Autor(en), exklusiv lizenziert an Springer-Verlag GmbH, DE, ein Teil von Springer Nature 2022
T. Henning, *Die Zukunft der Menschheit – soll es uns weiter geben?*, #philosophieorientiert,
https://doi.org/10.1007/978-3-662-65536-8_4

nicht. Das Erweiterte Prinzip hingegen machte es unmöglich, zu erklären, warum denn die Zeugung Albertas in *Der gute Fall* keine Verbesserung darstellen soll.

Eine erste Möglichkeit, die Asymmetrie zu erklären, würde darin bestehen, einfach zu akzeptieren, dass sich zukünftige Güter und Übel nun einmal auf eine asymmetrische Weise verhalten. Wir könnten es mit einem komplizierteren Prinzip versuchen. Dieses Prinzip würde im Gegensatz zum Engen Prinzip auch *existentielle Übel* als relevant behandeln; aber anders als das Erweiterte Prinzip würde es *keine existenziellen Güter* berücksichtigen. So ein Prinzip wird also lauten:

Das Asymmetrische Prinzip

Ein Szenario ist nur dann besser als ein anderes, wenn es jemanden gibt, für den:die es besser ist.
Ein Szenario ist nur dann schlechter als ein anderes, wenn es jemanden gibt, für den:die es schlechter oder ein existenzielles Übel ist.

Ein solches Prinzip würde unseren intuitiven Urteilen am ehesten entsprechen. Die Existenz Albertas wäre keine moralisch relevante Verbesserung, weil diese Existenz nicht besser für Alberta wäre. Gleichzeitig wäre ein Szenario, in dem Belinda existiert, schlechter – zwar nicht schlechter für Belinda, aber doch ein existenzielles Übel.

Aber damit ist für den:die Philosophen:in die Lösung nicht komplett. Wir können ja nicht einfach nach sprichwörtlicher Lust und Laune Prinzipien basteln, nur damit sich unsere spontanen Urteile als haltbar erweisen. Wir müssen *erklären,* warum das Besser-Sein und das Schlechter-Sein von Szenarien sich in dieser uneinheitlichen Weise verhalten sollten. Woher die Asymmetrie?

Speziell lautet die Frage: Warum tragen existentielle Übel dazu bei, Szenarien schlechter zu machen als andere, jedoch existentielle Güter nicht dazu, Szenarien besser zu machen als andere?

Erinnern wir uns kurz an die Natur existenzieller Güter und Übel: Wenn die intrinsisch guten Aspekte eines Lebens die intrinsisch schlechten Aspekte überwiegen, so ist dieses Leben ein existenzielles Gut. Überwiegen die schlechten Aspekte die guten, so ist es ein existenzielles Übel. Wir können bemerken: Um die gesuchte asymmetrische Relevanz zu erklären, müssten sich die intrinsisch guten Aspekte eines möglichen Lebens auf eine eigenartige Weise verhalten (vgl. dazu McMahan 2009). Wenn diese guten Aspekte die schlechten Aspekte überwiegen, dann sollen sie immerhin dafür sorgen können, dass es nicht mehr falsch ist, dieses Leben zu zeugen. Sie müssen also in irgendeiner Weise die schlechten Aspekte aufwiegen oder wettmachen können, so dass sie nicht mehr gegen eine Zeugung sprechen. *Diese* Art von Relevanz müssen jene Güter also haben. Gleichzeitig sollen sie aber *nur* diese Relevanz haben – sie sollen nicht etwa eigenständige, gute Gründe *für* eine Zeugung ergeben! Das ist bei genauerer Betrachtung schwer zu verstehen. Warum können Güter die Gründe *gegen* eine Zeugung *aufwiegen,* ohne selbst Gründe *dafür* zu sein?

Aus diesem Grund haben sich viele Autor:innen genötigt gesehen, eine einheitlichere Vorstellung von der Relevanz zukünftiger Güter zu entwickeln. Eine erste Gruppe von Philosoph:innen glaubt, wir sollten der Asymmetrie Rechnung tragen, indem wir zukünftigen Gütern *jegliche* Relevanz absprechen. Wir sollten demnach sowohl bestreiten, dass solche Güter Gründe *für* eine Zeugung sind, als auch, dass sie die Gründe *gegen* eine Zeugung aufwiegen oder „annullieren" können. Eine zweite Gruppe glaubt stattdessen, wir müssten ihnen volle

Relevanz geben und beide Funktionen zubilligen. Beide Vorschläge haben unglaubliche Konsequenzen.

4.2   Der Anti-Natalismus

Wenn wir den intrinsischen Gütern im Leben einer möglichen zukünftigen Person *jede* Relevanz als moralische Gründe absprechen, ergibt sich eine düstere Sichtweise, die Anti-Natalismus heißt.

Anti-Natalist:innen (z. B. Benatar 2006, Fehige 1998) glauben, dass es generell zwingende moralische Gründe dagegen gibt, neue Menschen zu zeugen. Und das gilt unabhängig davon, wie ‚rosig' uns die Aussichten für diese neuen Menschen erscheinen. Und zumindest einige Anti-Natalist:innen (speziell David Benatar) begründen diese frappierende These mithilfe der Asymmetrie.

Um das zu verstehen, müssen wir kurz auf die Rolle von Übeln im Leben einer möglichen zukünftigen Person zurückkommen. Um unser Urteil *Die Asymmetrie II* zu begründen, mussten wir ja davon ausgehen, dass die intrinsisch *schlechten* Aspekte im Leben einer solchen Person eigenständige Handlungsgründe für die Option der Nicht-Zeugung sind. Aber dann ist das Argument für den Anti-Natalismus schlagend einfach: Wir müssen nur den Vorschlag ernst nehmen, dass die Güter im Leben einer zukünftigen Person in keiner Weise als Gründe ins Gewicht fallen. Folglich können wir die guten Aspekte dieses zukünftigen Lebens nicht mehr so behandeln, als würden sie die negativen Aspekte aufwiegen. Diese negativen Aspekte ihrerseits betrachten wir aber, wie bereits gesagt, als Gründe gegen eine Zeugung – andernfalls können wir eben nicht erklären, warum wir Belinda das existentielle Übel ihres Lebens ersparen müssen. Schließlich gilt außerdem: Wir können absehen, dass es in *jedem* zukünftigen menschlichen Leben zumindest *gewisse* negative Aspekte geben wird – vermutlich sogar viele, aber ganz sicher mindestens so etwas wie einen eingerissenen Fingernagel. Aber für solche absehbaren Übel haben wir nun, wegen unserer vereinheitlichten Auffassung über die Irrelevanz der Güter, nichts mehr, was sie aufwiegt!

Also: Wir müssen annehmen, dass es Negatives in jedem zukünftigen Leben geben wird, und dass dies als Grund gegen eine Zeugung in die sprichwörtliche Waagschale fällt. Zugleich sollen aber die Güter im Leben zukünftiger Wesen *nicht* in irgendeine Waagschale gehören. Damit ist sichergestellt, dass das Übergewicht der moralischen Gründe immer gegen die Zeugung spricht.

Diese Sichtweise ist beim Wort zu nehmen. Anti-Natalist:innen glauben, dass wir moralisch dazu verpflichtet sind, keine neuen Menschen zu zeugen, also dem Aussterben der Menschheit in der nächsten Generation nicht durch Zeugung entgegen zu wirken. Eine offizielle Formulierung:

Anti-Natalismus

Es gibt eine moralische *Pro-tanto*-Pflicht, auf die Zeugung weiterer Menschen zu verzichten, und in jedem gewöhnlichen Falle ist die Zeugung daher falsch.

Zur Terminologie: Wenn Philosoph:innen von einer *Pro-tanto*-Pflicht sprechen, so meinen sie eine Pflicht, die immer dann besteht, wenn nicht besondere Gründe dagegen sprechen. (In diesem Sinne ist z. B. auch die Ansicht zu verstehen, dass es eine Pflicht ist, nicht zu lügen. Wenige Menschen glauben, dass diese Pflicht durch gar nichts überwogen werden kann.) Das heißt, dass der Anti-Natalismus eine Zeugung von Personen höchstens dann als moralisch zulässig ansieht, wenn die Pflicht, es nicht zu tun, durch besondere, moralisch zwingende Umstände überwogen sein sollte.

Der Anti-Natalismus sollte dabei nicht verwechselt werden mit einer Sichtweise, die oberflächlich Ähnlichkeit mit ihm hat, die aber weniger radikal ist. Es gibt ja durchaus einige Menschen (z. B. einige Anhänger:innen der *birth strike Bewegung*), die etwa aus einer ökologischen Abwägung heraus zu dem Schluss kommen, dass es besser wäre, keine neuen Kinder zu zeugen. Diese Sichtweise lässt zu, dass die Existenz zukünftiger Menschen einen *gewissen* Wert hat; sie behauptet nur, dass dieser Wert überwogen wird durch die negativen Konsequenzen, die die Existenz dieser Menschen für andere Lebewesen und Ökosysteme hat. Doch der philosophische Anti-Natalismus meint noch etwas anderes: An der Existenz zukünftiger Menschen gibt es dieser Sichtweise zufolge *gar nichts,* was wir als einen guten Grund dafür behandeln dürften, diese Existenz zu ermöglichen. In der Tat ist die Weiterexistenz der Menschen *selbst* als ein Übel zu betrachten, das wir *diesen zukünftigen Menschen* ersparen sollten – auch dann, wenn es sonst keine negativen Konsequenzen gäbe. Wir sollten also zukünftigen Menschen ihre eigene Existenz nicht zumuten – zumindest, solange wir sicher sind, dass diese Existenz einige Übel (egal wie winzig sie sind) enthält.

Nun mag der:die Leser:in fragen: Gerät damit nicht in Vergessenheit, dass viele Menschen froh sind, zu leben – und dass wir oft damit rechnen dürfen, dass es auch den Menschen so gehen würde, die wir nun zeugen könnten? Doch das gerät keineswegs aus dem Blick. Nur müssen wir, so argumentiert der:die Anti-Natalist:in, uns eben entscheiden, wie wir nun über das zukünftige Glück denken. Wenn dieses Glück Gewicht hätte, dann müsste es konsequenter Weise *ganz* ins Gewicht fallen, also auch als eigenständiger, positiver Grund *für* eine Zeugung.

Was das bedeuten würde, sehen wir im kommenden Abschnitt: Wir wären moralisch verpflichtet, Kinder zu zeugen!

4.3 Das andere Extrem: Eine Pflicht zur Fortpflanzung?

Der Anti-Natalismus ist, wie oben erwähnt, nicht die einzig denkbare Reaktion auf die Asymmetrie. Auf der Suche nach einer einheitlichen Auffassung von zukünftigen Gütern und Übeln können wir uns auch dazu entschließen, den ersteren die gleiche volle Relevanz zu geben wie den letzteren.

Wir würden dann also sagen, dass die intrinsisch guten Aspekte im Leben einer möglichen Person wie Alberta *deshalb* die negativen Aspekte aufwiegen, weil sie einfach ganz gewöhnliche Gründe darstellen – Gründe, die eben für die Zeugung Albertas sprechen. (Damit würden wir das Asymmetrische Prinzip aufgeben und zu dem Prinzip zurückkehren, dass ich das Erweiterte Prinzip genannt habe.) Wenn dann die glücklichen Aspekte im Leben eines möglichen Kindes die negativen Aspekte überwiegen, haben wir also alles in allem Grund, dieses Kind zu zeugen. Wir haben damit den Gedanken einer Asymmetrie aufgegeben und stattdessen eine Symmetrie hergestellt: Ebenso, wie es falsch wäre, Belinda zu zeugen, wäre es falsch, Alberta nicht zu zeugen.

Wir sollten erwähnen, dass diese Symmetrie nicht ganz perfekt sein muss. Es gibt viele Philosoph:innen (ein prominentes Beispiel wäre die britische Philosophin Philippa Foot), die glauben, dass negative moralische Pflichten Vorrang haben vor positiven moralischen Pflichten.

Zur Erläuterung: Negative Pflichten verbieten Handlungen, z. B. andere Menschen zu schädigen, sie zu bestehlen oder anzulügen. Positive Pflichten verlangen Handlungen – etwa, dass wir Positives zum Leben Anderer beitragen, ihnen also Hilfe und Wohltaten angedeihen lassen. Der Vorrang negativer Pflichten besteht nun darin, dass es wichtiger ist, Anderen nichts Schlechtes anzutun, als ihnen Gutes zu tun. (Wenn Sie zum Beispiel darauf verzichten, ihrem Nachbarn in Not zu helfen, mag das falsch sein. Aber es ist weniger schlimm als ihn aktiv in Not zu bringen.)

Wenn es einen solchen Vorrang negativer Pflichten gibt, können wir immer noch zulassen, dass es einen gewissen Unterschied zwischen *Der gute Fall* und *Der schlechte Fall* gibt. Wir hätten zwar sowohl moralische Gründe dafür, Albertas glückliches Leben zu ermöglichen, als auch dafür, Belindas leidvolles Leben *nicht* zu ermöglichen. Aber die ersteren Gründe würden weniger schwer wiegen als die letzteren, die immerhin mit der negativen Pflicht zu tun haben, kein Leid zuzufügen.

Aber auch mit dieser Einschränkung ist die resultierende Sichtweise hochgradig irritierend. Wir müssten ihr zufolge fortan immerzu überlegen, ob wir es rechtfertigen können, mögliche Gelegenheiten zur Zeugung von Nachwuchs ungenutzt zu lassen. Und wir würden uns vermutlich genötigt sehen, sehr viel mehr Menschen zu zeugen, als wir es tatsächlich tun. Klar, wenn der resultierende Anstieg der Weltbevölkerung irgendwann dazu führte, dass Menschen weniger glückliche Leben führen würden, dann gäbe es auch wieder weniger starke Gründe dafür, weiteren Nachwuchs zu zeugen. Aber solange die zukünftigen Menschen halbwegs froh wären, zu leben, gäbe es moralische Gründe dafür, sie zu zeugen. Das entspricht definitiv nicht unserer Alltagssicht.

Das heißt nicht, dass diese Position nicht in der Tat vertreten worden wäre. Der Philosoph Richard M. Hare hat z. B. behauptet, dass die Möglichkeit, eine Person mit einem glücklichen Leben zu zeugen, dieselbe moralische Relevanz für uns haben sollte wie die Möglichkeit, einer bereits existierenden Person zu mehr Glück zu verhelfen. Hares Argumentation beruft sich auf eine Variante der sogenannten Goldenen Regel. Viele von uns, so Hare, sind froh darüber, dass unsere Eltern uns gezeugt haben. Mithin wäre es einfach selbstsüchtig, wenn wir ignorieren würden, dass es den Kindern, die wir zeugen könnten, genau so ergehen würde. Auch Derek Parfit vertritt in späteren Arbeiten (vgl. Parfit 2011) die Ansicht, dass wir durchaus gewisse moralische Gründe haben, zukünftige Menschen in dieser Weise zu behandeln, für die sie dergestalt dankbar wären.

Müssen wir demnach fortwährend neue Menschen zeugen? Das, so argumentiert Hare, wäre zu kurz gedacht. Was wir ihm zufolge tun sollten, ist, die Interessen *aller* Kinder zu berücksichtigen, die wir zu irgendeiner Gelegenheit zeugen könnten. Wenn etwa zwei Menschen jetzt ein Kind zeugen, so kommt zwar dieses Kind auf die Welt – aber alle die Kinder, die die Mutter in der näheren Zukunft zu anderen Zeitpunkten und/oder mit anderen Partnern hätte zeugen können, nicht. Und es ist ja nicht sicher, dass gerade dem Kind, das gerade jetzt und mit diesem Partner gezeugt würde, das meiste Glück zuteil würde. Wenn uns erst deutlich wird, *wie viele* mögliche Interessent:innen zu berücksichtigen sind, so ergibt eine Abwägung doch wieder ein differenzierteres Bild. Oftmals können wir ja z. B. abschätzen, dass wir einem späteren Kind ein noch glücklicheres Leben geben könnten. Dann wäre es geboten, zu verzichten und zu warten. Doch auch wenn diese Sichtweise damit vielleicht ein wenig von ihrer absurden Anmutung verliert – schwer verdaulich bleibt sie. Denn immerhin bleibt es dabei, dass jeder gegenwärtige Verzicht auf eine Zeugung etwas ist, für das wir gute moralische Gründe benötigen.

Wir haben damit ein erstes Kernproblem der Populationsethik kennengelernt. An späterer Stelle (s. Kap. 9) werde ich einen Vorschlag dazu präsentieren, wie die Asymmetrie zu erklären ist, ohne dass absurde Konsequenzen drohen. Doch zuvor erwarten uns weitere Schwierigkeiten.

5

Kann ein lebenswertes Leben ein Schaden sein?

Nach der sogenannten Asymmetrie wenden wir uns unmittelbar dem nächsten Rätsel zu, dem sogenannten Nichtidentitätsproblem. Dieses Rätsel stellt dabei nicht nur, wie die Asymmetrie, eine Schwierigkeit für die Populationsethik dar. Tatsächlich droht das Nichtidentitätsproblem, unsere allgemeinen Vorstellungen von Pflichten gegenüber zukünftigen Generationen zu unterminieren.

5.1 Das Nichtidentitätsproblem

Das Nichtidentitätsproblem hat seine Wurzel darin, dass viele unserer Entscheidungen nicht nur beeinflussen, wie gut es zukünftigen Menschen gehen wird, sondern auch, wer genau diese zukünftigen Menschen sein werden. Wenn wir uns dies erst einmal bewusst machen, werden

© Der/die Autor(en), exklusiv lizenziert an Springer-Verlag
GmbH, DE, ein Teil von Springer Nature 2022
T. Henning, *Die Zukunft der Menschheit – soll
es uns weiter geben?*, #philosophieorientiert,
https://doi.org/10.1007/978-3-662-65536-8_5

viele unserer Wertüberzeugungen plötzlich fragwürdig. Hier ist ein vordergründig einfaches Beispiel:

Beispiel: Jetzt oder Später

Wir möchten ein Kind zeugen. Unsere Ärzte teilen uns mit: Wenn es jetzt zu einer Empfängnis kommt, wird das Kind sein Leben lang an einer schmerzhaften chronischen Krankheit leiden, die es in vielen Hinsichten einschränkt und seine Lebensqualität mindert. Insgesamt hätte dieses Kind aber ein Leben, das einigermaßen glücklich wäre. Wenn wir aber 3 Monate warten, würde unser Kind absehbar völlig gesund und unbeschwert glücklich sein. (Unterstellt sei wiederum: Unsere Interessen und die Interessen Dritter werden von keiner Option weiter berührt.)

Wir sollten im Hinterkopf behalten, dass wir in diesem Beispiel einige willkürliche Festlegungen getroffen haben. In einem realen Falle könnte man nicht so einfach schließen, dass ein Kind, nur weil es an einer schmerzhaften Krankheit leidet, automatisch in der Summe weniger glücklich wäre. Vielleicht hilft die Krankheit vielmehr dabei, in einer anderen Weise umso glücklicher zu werden? Unser Kind könnte stärker werden durch ihre Krankheit, kreativer oder zumindest umso empfänglicher für die guten Seiten ihrer Existenz. Ebenso wenig dürfen wir natürlich sicher sein, dass ein gesundes Kind ohne chronischen Schmerz deswegen automatisch glücklich und unbeschwert sein wird. – All das ist wahr und soll hier nicht in Abrede gestellt werden. Trotzdem hilft es, wenn wir annehmen, dass wir aus irgendeinem Grunde wissen können, dass ein jetzt gezeugtes Kind gegenüber einem typischen gesunden Kind eine verringerte Lebensqualität hätte.

Denn mit dieser Annahme wird ein folgenschweres Problem erst sichtbar. Den meisten Leser:innen fällt das Urteil über Fälle dieser Art, wenn man unsere Annahmen akzeptiert, nämlich leicht: Wir sollten 3 Monate warten und unserem Kind ein unbeschwertes Leben ermöglichen. Doch Parfit erkennt ein Problem: Wenn wir nämlich 3 Monate warten, dann ist das Kind, das wir später zeugen würden, *ein anderes Individuum* als das Kind, das wir nun zeugen würden. Es wäre nicht dasselbe Kind in einem gesunden Zustand, sondern ein *anderes* Kind in einem gesunden Zustand.

Warum? In 3 Monaten wären es andere Gameten, also ein anderes Spermium und eine andere Eizelle, die an der Befruchtung beteiligt wären. Das Kind, das in 3 Monaten gezeugt würde, hätte also anderes Erbgut. Es wäre dem Kind, das wir jetzt zeugen würden, lediglich so ähnlich wie ein Geschwister. Es könnte demnach ein anderes Geschlecht haben und würde sich vermutlich in Größe, Charakter etc. deutlich unterscheiden. Außerdem würde es in 3 Monaten in eine andere Situation hinein geboren werden, anderes erleben etc. Es wäre nach allen Kriterien *jemand anders.*

Parfits Beobachtung ist also, dass wir es hier nicht mit einem Dieselben-Menschen-Vergleich, sondern mit einem Verschiedene-Menschen-Vergleich zu tun haben. Und das macht die Bewertung des Falles ungleich schwieriger. Würde es sich in beiden Fällen um ein und dasselbe Kind handeln, dem wir einmal eine schwierige und einmal eine unbeschwerte Existenz verleihen, so könnten wir ganz einfach darauf verweisen, dass es besser für dieses Kind wäre, wenn wir 3 Monate warten.

Doch das ist eben ein Denkfehler. Zwar sagen wir leichthin, dass es besser für „unser Kind" wäre, zu warten. Aber wir verkennen, dass mit „unser Kind" in den Szenarien jeweils *verschiedene Individuen* gemeint sind. Wenn wir 3 Monate warten, ist das nicht besser für das Kind, das wir jetzt gezeugt hätten. Denn *dieses* Kind kommt dann gar nicht erst zur Existenz; und das ist schwerlich besser für es. Vermutlich beruht auch unser intuitives Urteil zunächst auf diesem Fehler. Wir meinen, dass es besser für unser Kind ist, 3 Monate zu warten, weil wir *ihr:ihm* so ein besseres Leben schenken. Doch wenn wir 3 Monate warten, bekommt *jemand anderes* jenes bessere Leben!

Es lohnt sich, den Fall in Form unserer Tabellen zu erläutern. Ich verfahre wie bisher und gebe den Kindern, die in Zukunft existieren könnten, beliebige Namen. Nennen wir das Kind, das wir nun zeugen würden (egal, was sein Geschlecht wäre), Nora. Dann führt unsere falsche intuitive Annahme über den obigen Beispielfall dazu, dass wir uns die Alternativen wie folgt vorstellen:

Jetzt oder später (falsche Deutung)	
	NORA
ZEUGUNG JETZT	leidlich zufrieden
ZEUGUNG IN 3 MONATEN	glücklich

Dieser Fall würde sich ähnlich verhalten wie das Beispiel *Nachbar in Not*. Wir hätten es in der Hand, ob es ein und derselben Person besser oder schlechter ergeht. Es wäre klar, warum wir 3 Monate warten sollten: Wir könnten dafür sorgen, dass sich eine Verbesserung des Loses von Nora ergibt.

Aber das ist eben eine fehlerhafte Annahme über den Fall. Was wir berücksichtigen müssen, ist, dass das schwierige Los und das glückliche Los eben *verschiedenen* Personen zuteil würden – deswegen Parfits Rede von „Nichtidentität." Eine korrekte Darstellung der Alternativen wäre also:

Jetzt oder später (korrekte Deutung)		
	NORA	**NILS**
ZEUGUNG JETZT	leidlich zufrieden	---
ZEUGUNG IN 3 MONATEN	---	glücklich

Die Frage lautet: Inwiefern ist das Szenario *Zeugung in 3 Monaten* besser? Um das Problem genauer zu sehen, rufen wir uns die Prinzipien vor Augen, die in den vergangenen Kapiteln besprochen wurden. Gemäß *Nichtexistenz ist Unvergleichlich* ist es für Nora nicht besser, nicht gezeugt zu werden, also auch nicht schlechter, gezeugt zu werden. Und für Nils ist es nicht schlechter, nicht gezeugt zu werden, also auch nicht besser, gezeugt zu werden. Da es laut Annahme auch niemandem sonst besser oder schlechter geht, sagt das Enge Prinzip: Es ist nicht besser, 3 Monate zu warten.

Nun hatten wir das Enge Prinzip bereits im Kontext der Asymmetrie in Zweifel gezogen. Stattdessen hatten wir mit Parfit und McMahan darauf hingewiesen, dass eine glückliche Existenz zwar nicht besser sein kann als Nichtexistenz, aber doch ein existentielles Gut. Wir hatten das Erweiterte Prinzip vorgeschlagen, welches zulässt, dass auch existentielle Güter und Übel dazu beitragen können, dass ein Szenario besser ist als ein anderes. Aber hier lauert ein weiteres Problem: Anders als bei der Asymmetrie ist die Existenz für *beide* Kinder ein existentielles Gut, kein Übel!

Denn für beide Kinder gilt, dass die intrinsisch guten Aspekte ihres jeweiligen Lebens absehbar die intrinsisch schlechten Aspekte überwiegen. (Gewiss, in Noras Leben gäbe es mehr Schlechtes als in Nils' Leben. Aber das Beispiel enthält eben die Annahme, dass ihr Leben in der Summe dennoch mehr Gutes als Schlechtes für sie bereithält.) In beiden Fällen würde also die Nichtexistenz mehr Gutes als Schlechtes verhindern. Für beide Kinder gilt also, dass die Existenz gut für sie (wenn auch nicht *besser*) ist, und im Kontrast, dass die Nichtexistenz nicht gut für sie ist.

Das heißt aber, dass auch das Erweiterte Prinzip (und ebenso das Asymmetrische Prinzip) *nicht* zulässt, dass das

Szenario, in dem wir jetzt ein Kind zeugen, schlechter ist als die Alternative. Nicht nur ist es für niemanden *schlechter.* Es ist auch für niemanden *schlecht,* ein existentielles Übel.

Wenn wir also jetzt zeugen und Nora ihr geplagtes, leidlich zufriedenes Leben führt, lautet die Frage: Wem ist ein Schaden entstanden? Für wen ist es schlechter oder auch „nur" schlecht?

5.2   Was dieses Problem *wirklich* schwierig macht

Man könnte vorschlagen, dass es vielleicht einfach generell falsch ist, ein Kind wie Nora zu zeugen, eben weil sie ein schwieriges, wenn auch zugegebenermaßen immer noch glückliches, Leben hätte.

Einige Autor:innen wie Seana Shiffrin (1999) und Elizabeth Harman (2009) argumentieren, dass wir Nora durch eine Zeugung durchaus in gewissem Sinne Schaden zufügen würden. Sicher, gewöhnlich bewerten wir etwas nur dann als eine Schädigung, wenn das Opfer damit irgendwie schlechter gestellt wird. Doch vielleicht lautet die Lehre aus dem Nichtidentitätsproblem, dass es andere Arten gibt, jemanden zu schädigen? Aber selbst wenn es so ist, löst dies das Problem nicht.

Eine zusätzliche Schwierigkeit besteht nämlich in Folgendem: Stellen wir uns vor, im obigen Beispiel hätten wir *nur* die Option, ein Kind mit der Krankheit von Nora zu zeugen. Es gäbe nicht die Option, eine kurze Weile zu warten und dann ein ganz gesundes Kind zu zeugen. In *diesem* Falle, so glauben viele Autor:innen in der Debatte, stellt sich die Bewertung anders dar. Wenn es keine Chance auf ein ganz gesundes Kind gibt, so erscheint es zulässig, ein Kind wie Nora zu zeugen. Immerhin dürfen wir ja davon ausgehen, dass dieses Kind in der Summe froh sein wird, zu leben, auch wenn es oft schwierig sein wird. Wenn wir uns also entscheiden, so einem Kind zur Existenz zu verhelfen und unser Leben mit ihm zu verbringen, erscheint daran nichts verwerflich.

Damit wird jedoch die ganze Vertracktheit des Nichtidentitätsproblems erst so richtig erkennbar. Denn wir merken nun: Es ist nicht das Schicksal Noras für sich genommen, das es intuitiv falsch machen würde, Nora jetzt zu zeugen. Es ist eben *die Verfügbarkeit der Alternative,* die für unser Urteil ausschlaggebend ist. Irgendetwas an dem Umstand, dass das *andere* Kind, das wir in 3 Monaten zeugen würden, glücklicher wäre, scheint es falsch zu machen, Nora jetzt zu zeugen.

Genau diesen Aspekt können die Vorschläge, die wir bisher kennengelernt haben, nicht einfangen. Und das liegt daran, dass wir uns in unserer Beurteilung von Szenarien bisher nicht auf *interpersonelle Vergleiche* gestützt haben. Wir haben in unseren Beurteilungen bislang immer nur Vergleiche bemüht, die das Schicksal *einer und derselben* Person in verschiedenen Szenarien betrafen.

Zum Beispiel: In *Nachbar in Not* haben wir die Hilfe als erforderlich beurteilt, weil es durch die Hilfe dieser spezifischen Person besser ergeht, als es ihr sonst ergangen wäre. Und in der Beurteilung des *schlechten Falles* der Asymmetrie haben wir ebenfalls Bewertungen in Bezug auf dieselbe Person vorgenommen: Wir haben festgehalten, dass die Existenz schlecht *für Belinda* wäre und die Nichtexistenz nicht schlecht *für Belinda* gewesen wäre. Insgesamt haben unsere obigen Prinzipien die Bewertung von Szenarien als besser oder schlechter davon abhängig gemacht, ob es jemanden gibt, für den:die gilt, dass ein Szenario im Vergleich zum anderen besser (schlechter) oder ein existenzielles Gut (Übel) ist. Immer betrachten wir dabei einzelne Personen und vergleichen Szenarien im Hinblick darauf, was besser oder schlechter, gut oder schlecht *für sie* ist.

Das verändert sich hier. Wenn wir das Szenario *Zeugung in 3 Monaten* vorziehen sollten, so liegt es nicht daran, dass es eine Person gibt, für die das besser wäre. Das gilt von keinem der beiden Szenarien. Ebenso wenig liegt es daran, dass es eine Person gibt, für die dieses Szenario ein existentielles Gut wäre. Das gilt für beide Szenarien. Es muss vielmehr an Folgendem liegen: Wir würden Nils durch seine Zeugung *mehr* intrinsische Güter ermöglichen, als wir Nora durch ihre Zeugung ermöglichen würden. Für beide ergibt sich zwar in der Summe mehr Gutes als Schlechtes in ihrem Leben. Aber für Nils fällt diese positive Gesamtbilanz noch viel positiver aus als für Nora.

Wir können den Punkt deutlich machen, wenn wir die Gesamtwohlfahrt wie folgt beziffern:

Jetzt oder später (numerisch)		
	NORA	**NILS**
ZEUGUNG JETZT	50	---
ZEUGUNG IN 3 MONATEN	---	70

Für beide Individuen soll der Zahlenwert eine positive Gesamtwohlfahrt anzeigen, und der höhere Wert bei Nils soll anzeigen, dass sich insgesamt *mehr* Gutes in seinem Leben findet. Dann gilt einfach: Es scheint die (absolut) größere Wohlfahrt von Nils zu sein, die es besser macht, zu warten.

Das ist für Leser:innen, die in Moralphilosophie ein wenig bewandert sind, eine höchst interessante Erkenntnis. Wir scheinen nämlich in der Bewertung unserer Optionen gar nicht allein auf das Los einzelner Individuen, sondern auch *personen-unabhängig* auf die Existenz von Glück zu achten. Es scheint uns zu interessieren, dass dann, wenn wir drei Monate warten, mehr Gutes erlebt oder mehr Glück erfahren wird. Und das interessiert uns, obwohl wir diesen Unterschied nicht daran festmachen können, was *für* bestimmte Individuen besser (oder auch einfach bloß gut) ist.

Dies steht zunächst einmal, wie gesagt, im Widerspruch zu den oben eingeführten Prinzipien (also zum Engen, Erweiterten und Asymmetrischen Prinzip), die ja alle eine „Betroffenheit" bestimmter Individuen verlangen. Vor allem aber steht es im Widerspruch dazu, wie wir ansonsten über Personen und ihr Glück nachdenken. Normalerweise interessieren wir uns für das Glück oder das Wohlergehen, das einer Person zuteil wird, *um dieser Person willen.* Wir möchten, dass Nora ein glückliches Leben lebt, um Noras willen. Ebenso möchten wir, dass Nils ein glückliches Leben lebt, weil uns Nils am Herzen liegt. Aber diese personen-bezogene Bewertung hilft uns natürlich nicht, wenn wir uns fragen, wer von den beiden überhaupt erst zur Existenz gelangen sollte. Um Noras willen können wir, wenn überhaupt, urteilen, dass es gut wäre, jetzt zu zeugen. Und um Nilsens willen können wir, wenn überhaupt, urteilen, dass es gut wäre, in 3 Monaten zu zeugen. Aber keine dieser personen-bezogenen Bewertungen hilft uns dabei, *zwischen* diesen Szenarien zu entscheiden.

Unsere intuitive Bewertung des Nichtidentitätsproblems scheint also in ungewohnter Weise von Personen zu abstrahieren. Angenommen, dass wir die beiden Szenarien vergleichen und zu dem Schluss kommen, dass das Szenario *Zeugen in 3 Monaten* besser ist, weil es mehr Glück enthält. Wenn dieser Vergleich Sinn ergeben soll, dann müssen wir Glück hier als eine Art unpersönlichen Rohstoff auffassen, der gleichermaßen im Leben ganz verschiedener Individuen vorkommen kann. Es hilft uns eben offenkundig nicht weiter, die Szenarien im Hinblick darauf zu vergleichen, wie viel *von Noras Glück* sie realisieren. Ebenso wenig ist es eine Hilfe, sie im Hinblick darauf zu vergleichen, wie viel *von Nilsens Glück* sie enthalten. Ein Vergleich ist nur dann erhellend, wenn es ein kommensurables Maß oder eine relevante „gemeinsame Währung" gibt. Diese Währung muss dann sein: *Glück, egal ob es Noras oder Nilsens ist.* Glück wird als unpersönliche Ressource betrachtet.

Viele Ethiker:innen glauben, dass hier die Prioritäten in einer fatalen Weise verkehrt werden. Denn es scheint ja zu heißen: Wir wählen das zweite Szenario und Nilsens glückliches Leben, nicht etwa speziell wegen Nils und seinem Glück, sondern weil wir auf diesem Wege ein Ziel besser verwirklichen, für dessen Verwirklichung Nils und sein Glück gar keine essentielle Rolle spielen. In gewisser Weise werden die Individuen und ihr Los hier *instrumentell,* als bloße Mittel zum Zweck angesehen. Polemisch wird dieses Bedenken oft so ausgedrückt, dass Nils und Nora hier lediglich wie Behälter oder Lokalitäten für Wohlfahrt oder Glück, und damit als ersetzbar behandelt werden.

Und doch: Genau das scheint unserem Urteil über das obige Beispiel bei unbefangener Betrachtung zugrunde zu liegen. Und man darf sich von der eben angeschlagenen Rhetorik vielleicht auch nicht zu sehr beeindrucken lassen. Wir müssen es nicht unbedingt so beschreiben, dass wir Glück oder Wohlergehen als unpersönliche Ressource und Individuen als bloße Mittel behandeln. Man könnte ja auch sagen, dass diese – zugegeben eigenwillige – Betrachtung lediglich damit zu tun hat, dass wir unparteiisch sein wollen. Wir tun so, als ließe sich Glück zwischen Nils und Nora als gemeinsame Währung verrechnen, weil wir keine der Parteien bevorzugen wollen.

Wie auch immer wir unser Verdikt rechtfertigen, es fällt jedenfalls recht deutlich aus. Wir finden es in der Tat im obigen Beispiel richtig, zu warten. Parfit formuliert ein Prinzip, das sich aus diesem Urteil zu ergeben scheint. Wenn wir an die eingangs eingeführten Kategorien denken, dann können wir festhalten, dass das obige Beispiel einen Verschiedene-Menschen- aber Gleiche-Anzahl-Vergleich enthält. Für genau solche Fälle formuliert Parfit den *Same Number Quality Claim*, kurz:

Parfits Prinzip Q

Wenn in zwei möglichen Szenarien dieselbe Anzahl an Menschen lebt, so ist eines dieser Szenarien schlechter, wenn die Menschen darin im Vergleich schlechter dran sind als die Menschen im anderen Szenario.

Wie gesagt, dieses Prinzip ist philosophisch brisanter, als man zunächst meinen mag. Wenn wir es akzeptieren, müssen wir unsere Prinzipien der Personen-Betroffenheit aufgeben. Und dann stehen wir ohne eine Begründung für unser Urteil *Die Asymmetrie I* da. Und womöglich müssen wir dann doch eine Pflicht zur Zeugung möglichst vieler zusätzlicher Menschen akzeptieren. Abgesehen davon stellt sich natürlich ganz allgemein die Frage, wie sich Parfits Prinzip Q erweitern lässt. Denn wir wollen ja auch wissen, wie sich Szenarien vergleichen lassen, die unterschiedliche Anzahlen von Menschen enthalten. Wenn wir z. B. eine sehr glückliche Person oder zwei halbwegs glückliche Personen zeugen könnten, *und* wenn wir Glück als unpersönliche Größe sehen – was dann?

Im nächsten Kapitel werden wir uns auf die Suche nach der genauen Erklärung für unsere Überzeugungen begeben. Bevorzugen wir Nils vor Nora, weil wir finden, dass es insgesamt eine möglichst große Menge an Glück oder Wohlfahrt geben sollte? Oder bevorzugen wir ihn, weil uns an der Beibehaltung eines möglichst hohen Durchschnittswerts des Glücks der Menschen liegt?

Bevor wir uns diesen Fragen zuwenden, sollten wir noch einen weiteren verstörenden Aspekt des Nichtidentitätsproblems ansprechen – den, dass es überall, im Großen wie im Kleinen, lauert.

5.3 Klimaschutz und Pflichten gegenüber zukünftigen Generationen – ein Irrtum?

Einen besonders beunruhigenden Aspekt des Nichtidentitätsproblems haben wir noch gar nicht erwähnt. Es liegt ja die Annahme nahe, dass sich dieses Problem nur in sehr speziellen Kontexten stellt – eben dann, wenn wir direkt entscheiden, wann ein Kind gezeugt wird. Aber das wäre ein Fehler. Bei näherer Betrachtung erweist sich nahezu jede Handlung, die signifikante Auswirkungen auf das Los zukünftiger Personen hat, als vergleichbar mit dem obigen Fall von Nils und Nora!

Damit ist gemeint: Wenn wir uns fragen, welche Zukunft wir zukünftigen Generationen ermöglichen sollten, so verkennen wir oft, dass die Vergleiche, die wir anstellen, Verschiedene-Menschen-Vergleiche sind. Und wir verkennen so, dass die Bewertung alles andere als einfach ist.

Speziell gilt dies für ein Problem, dessen Dringlichkeit heute allen aufgeklärten Personen bewusst ist – den Klimawandel. Tatsächlich spielt das exotisch scheinende Nichtidentitätsproblem hier eine Rolle; es wird sogar im Bericht des Intergovernmental Panel on Climate Change von 2014 explizit als Herausforderung genannt (vgl. IPCC 2014, S. 216 ff.).

Wie betrachten also folgendes Beispiel:

Beispiel: Klimaschutz?

Wir stehen vor der Wahl: Wir reduzieren unsere CO_2-Emissionen, also z. B. unseren Verbrauch fossiler Kraftstoffe, unseren Fleischverzehr etc., drastisch und dämmen so den Klimawandel ein. Oder wir leben und konsumieren wie bisher und nehmen einen dramatischen Klimawandel in Kauf. Die Konsequenz für spätere Generationen wäre entweder ein gutes Leben auf einer bewohnbaren Erde oder ein schwieriges, von Knappheit und extremen Klimabedingungen geprägtes Leben. Nehmen wir außerdem an (dieser Teil ist weniger realistisch), dass die negativen Auswirkungen sich erst in einigen hundert Jahren bemerkbar machen würden, und dass das Leben der späteren Menschen auch im zweiten Falle insgesamt noch lebenswert wäre.

Es scheint nun intuitiv vollkommen klar zu sein, dass die Rücksicht auf spätere Generationen dafür spricht, die erste Wahl zu treffen. Sogar dann, wenn man glaubte, dass eine Fortführung unserer jetzigen Praxis insgesamt durch andere Gründe gerechtfertigt ist, würde man wohl zustimmen, dass die Interessen der späteren Generationen Gegengründe darstellen, wenn auch keine zwingenden.

Genau dieser Gedanke wird durch das Nichtidentitätsproblem aber in Zweifel gezogen. Was wir nämlich nicht bedenken, so Parfit, ist dies: Unsere Entscheidung für eine restriktive oder eine laxe Klimapolitik beeinflusst nicht nur den Lebensstandard späterer Generationen – sondern sie beeinflusst auch, *wer* diese späteren Generationen eigentlich *sind*. Der Grund dafür liegt in der *Fragilität* der Bedingungen der Existenz bestimmter Individuen. Die Bedingungen dafür, dass ein bestimmtes Individuum entsteht und nicht ein anderes, sind sehr sensibel und leicht zu verändern.

Das lässt sich zunächst leicht ein einem persönlichen Beispiel klar machen. Ich, der Autor dieses Buches, bin zu einem bestimmten Zeitpunkt gezeugt worden. Und es ist extrem leicht, sich Dinge vorzustellen, die dazu geführt hätten, dass meine Eltern zu diesem genauen Zeitpunkt kein Kind gezeugt hätten. Schon winzige Veränderungen in ihrem Tagesablauf hätten dieses Resultat gehabt – eine Einladung, ein Stau, ein Streit, ein Anruf. Es wäre dann vielleicht erst einige Zeit später zu einer Zeugung gekommen – vielleicht, wie im Falle von Nils und Nora, 3 Monate später. Und das hätte, wie oben beschrieben, bedeutet, dass meine Eltern jemand anders gezeugt hätten.

Mehr noch: Es hätte leicht sein können, dass meine Eltern sich nie begegnet wären und miteinander überhaupt *niemanden* gezeugt hätten. In all diesen Fällen hätte es mich nie gegeben. Und auch das ist nicht alles, denn dasselbe gilt für die Existenz *meiner Eltern* und für die Bedingungen, unter denen *ihre* Eltern sich kennengelernt und Nachwuchs gezeugt haben – und so weiter, für *alle* meine Vorfahren! Die Reihe aller Bedingungen für die Existenz meiner Vorfahren macht meine eigene Existenz als noch fragiler erkennbar. Verfolgt man die eigene Geschichte in allen Details nach, muss einem die eigene Existenz atemberaubend unwahrscheinlich erscheinen.

Parfit (1984, 361) bringt dies in einer faszinierenden Frage auf den Punkt: „Wie viele von uns könnten wahrheitsgemäß behaupten, dass sie auch dann existieren würden, wenn die Eisenbahn und das Auto nie erfunden worden wären?" Die Antwort wird wohl lauten: „Niemand."

Das Gleiche gilt nun für die Zukunft. Wenn wir politische Maßnahmen zur Eindämmung des Klimawandels beschließen, so verändert dies das Leben vieler Menschen in zahllosen größeren und kleineren Dingen – vor allem natürlich in ihrem Beruf und der Mobilität, aber auch in vielen anderen Hinsichten. Solche Veränderungen würden mit

Gewissheit dazu führen, dass sich andere Paare begegnen und viele Zeugungsakte unter anderen Bedingungen und mit anderen Menschen stattfinden. Schon nach einer Generation würden also einige andere Menschen existieren als gelebt hätten, wenn wir auf die Maßnahmen verzichtet hätten. Und wenn erst einmal solche personellen Veränderungen in der Population existieren, breiten sie sich im Verlaufe weiterer Generationen aus. Die ‚neuen' Menschen, die es nun einmal gibt und die in der Alternative nicht existiert hätten, treffen auf weitere Menschen und verändern deren Leben und Nachwuchs. Parfit zufolge dürfen wir annehmen, dass es nach einigen hundert Jahren vollständig andere Menschen geben würde.

Damit erkennen wir aber, dass unsere Bewertung der zwei klimapolitischen Optionen eben auf einem Verschiedene-Menschen-Vergleich beruhen muss. Wie im Beispiel von Nils und Nora gilt auch hier, dass wir dies leicht vergessen. Wir können den Fehler wiederum wie folgt darstellen:

Klimaschutz? (falsche Deutung)

	POPULATION A
RESTRIKTIONEN	Wohlstand
VERSCHWENDUNG	Darben

Klimaschutz? (korrekte Deutung)

	POPULATION A	**POPULATION B**
RESTRIKTIONEN	---	Wohlstand
VERSCHWENDUNG	Darben	---

Wir müssen also berücksichtigen, dass unsere Wahl nicht darin besteht, ein und dieselbe Gruppe zukünftiger Menschen entweder besser oder schlechter dastehen zu lassen. Sondern wir müssen wählen, ob wir einer Gruppe von Menschen zu einer glücklichen Existenz verhelfen oder einer anderen Gruppe von Menschen zu einer gebeutelten (aber, laut Annahme, lebenswerten) Existenz.

Auch im größeren Maßstab macht dies die Bewertung schwieriger. Klar, wir möchten sagen, dass das erste Szenario irgendwie besser ist. Aber wiederum gibt es laut *Nichtexistenz ist Unvergleichlich* niemanden, *für* den:die dieses zukünftige Szenario besser ist. Und beide Szenarien unterscheiden sich ebenfalls nicht darin, dass für die, die in ihnen existieren, das Leben ein existenzielles Gut ist.

Auch hier lauert eine spezielle Schwierigkeit (ähnlich wie im individuellen Fall). Nehmen wir an, wir könnten den Klimawandel nicht beeinflussen, und die einzigen zukünftigen menschlichen Leben, die wir erschaffen könnten, wäre von der entsprechend depravierten Art. Da diese Leben dennoch, laut Annahme, lebenswert wären, wäre in *diesem* Falle vermutlich nichts Falsches daran, wenn wir eine Zukunft der Menschheit ermöglichen, statt einfach sang- und klanglos auszusterben.

Und das heißt wiederum: Es ist nicht das Schicksal der depravierten zukünftigen Menschen *per se,* das es unmoralisch macht, die Option *Verschwendung* zu wählen. Erst die Verfügbarkeit der Alternative sorgt dafür. Aber wieso? Wieso sollten sich zukünftige Menschen in einem aufgeheizten Klima nur dann gerechtfertigt beschweren können, wenn es die Alternative gegeben hat, dass an ihrer Stelle *andere* Menschen in den Genuss eines glücklicheren Lebens hätten kommen können?

Auch diese Überlegungen, so Parfit, bestätigen das Urteil, das er vertritt: Wir müssen zugeben, dass Verschiedene-Menschen-Vergleiche moralisch ähnliches Gewicht haben wie Dieselben-Menschen-Vergleiche. Es wäre schlichtweg absurd, wenn wir die soeben angestellten Überlegungen als einen moralischen Freifahrtschein für eine laxe Klimapolitik verstehen würden. Stattdessen sollten wir zugestehen, dass

es wichtig ist, für mehr Glück und eine höhere Lebensqualität in der Zukunft zu optieren – auch dann, wenn
jenes bessere Los anderen Menschen zuteil wird als denen,
die andernfalls eine schwierigere und weniger glückliche
Existenz hätten.

6

Auf der Suche nach Theorie X

Das Nichtidentitätsproblem (s. Kap. 5) legt nahe, dass wir es für besser halten, glücklichere Menschen zu zeugen als andere, etwas weniger glückliche Menschen. Zumindest gilt dies in dem Rahmen, den Parfits Prinzip Q umreißt: Wenn wir die Wahl haben zwischen zwei Populationen, die aus verschiedenen Menschen bestehen, aber gleiche Größe haben, sollten wir die wählen, deren Mitgliedern es insgesamt besser ergehen würde. Wir müssen nun fragen, welches Kriterium uns in diesen Urteilen genau anleitet. Was genau heißt es, dass es den Mitgliedern einer Population *insgesamt* besser ergeht? Und wie überträgt sich diese Idee auf Verschiedene-Anzahl-Vergleiche?

Parfit begibt sich in seinem Werk *Reasons and Persons*, an dem wir uns hier oft orientieren, auf die Suche nach einer Theorie (i. e., einer Menge von Prinzipien), die das Prinzip Q bestätigt und spezifiziert, und die eine plausible Anwendung auf weitere Fälle erlaubt. Diese Theorie soll dabei natürlich generell glaubwürdig sein, insbesondere zu weiteren Wertüberzeugungen passen, die wir haben – wenn möglich z. B. zu *Die Asymmetrie I*, der zufolge wir keine moralischen Gründe haben, zusätzliche glückliche Leben zu zeugen. Parfit bezeichnet die Theorie, die dies leisten soll, leicht ironisch als „Theorie X." In seinem Buch gibt er die Suche nach Theorie X schließlich auf. Und tatsächlich hat der Philosoph Gustaf Arrhenius den formalen Beweis geführt, dass jede kohärente Theorie mindestens eine Art von augenscheinlich absurder Implikation aufweisen und damit unhaltbar sein wird.

Das würde zu einer sehr pessimistischen Konklusion führen: Unsere Vorstellungen davon, was eine gute und glückliche zukünftige Population von Menschen ausmacht, wären inkonsistent. Wir zeichnen die Suche nach Theorie X in einigen Punkten nach und stellen die Schwierigkeiten, auf die uns diese Suche führt, dar. Der:die Leser:in sei gewarnt: Absurditäten lauern an allen Orten.

Noch eine Bemerkung: Die Suche nach Theorie X hat große intellektuelle Anstrengungen motiviert. Dieses Kapitel soll einen gewissen Eindruck von einigen dieser Anstrengungen vermitteln. Daher enthält es einige schwierigere Abschnitte, die getrost nur überflogen werden können, wenn dem:der Leser:in danach ist. (Ich habe die betroffenen Abschnitte mit „Für Unerschrockene" überschrieben.) Trotzdem möchte ich nicht darauf verzichten, zumindest im Ansatz das beträchtliche Niveau erkennbar werden zu lassen, das die Debatte erreicht hat. Philosophie ist eben oft nicht nur im Plauderton abzuhandeln. Wer also die intellektuelle Herausforderung (und ein paar Formeln) nicht scheut, wird in diesem Kapitel sicherlich fündig.

6.1 Die Durchschnittstheorie und die Sadistische Konsequenz

Wenn wir es besser finden, Individuen zu zeugen, denen mehr Glück widerfährt – was genau ist es, das wir besser finden? Eine sehr natürliche Antwort wäre diese: Wir finden es besser, wenn es insgesamt mehr Glück in der Welt gibt. Wir würden dann das Lebensglück verschiedener Personen als eine Quantität betrachten, die sich zu einem Gesamtglück aufsummieren lässt und die es nach Kräften zu vergrößern gilt. Diese Idee ist in der Tat nicht unattraktiv. Der Gedanke, individuelles Glück zu einer Gesamtbilanz zu verrechnen, ist nicht abwegig. Denn viele unserer Beispiele setzen ja bereits voraus, dass Wohlfahrt interpersonell in einer Verhältnisskala beziffer- und vergleichbar ist. Und dann spricht gar nichts dagegen, die zugewiesenen Zahlen für Personen aufzusummieren.

Trotzdem sollten wir den Gedanken, dass wir uns um eine möglichst große Summe an Wohlfahrt oder Glück bemühen, mit Vorsicht genießen. Im nächsten Abschnitt, wo wir diese Idee verfolgen, werden wir sehen, dass sie zu Absurditäten führt. Wir können uns hier aber zunächst an unsere Diskussion der Asymmetrie erinnern. Wenn es uns um eine maximale Summe an Gesamtglück ginge, dann spräche doch moralisch vieles dafür, neue Kinder mit glücklichen Leben zu zeugen und so ihr individuelles Glück zur Gesamtmasse des Glücks hinzuzufügen. Aber wir haben gesehen: Wir finden es in moralischer Hinsicht kein Versäumnis, wenn wir auf die Zeugung weiterer Menschen verzichten. Das zusätzliche Glück eines Kindes, das wir zeugen könnten, aber nicht zeugen, ist moralisch gesprochen kein Verlust, und wir schulden niemandem Rechtfertigung.

Nun muss der Gedanke hinter Prinzip Q aber auch nicht zwangsläufig lauten: „Maximiere die Summe des Glücks!" Denn Q betrifft ja nur Dieselbe-Anzahl-Vergleiche; es besagt lediglich: „Wähle *bei einer einmal fixierten Populationsgröße* das größere Glück." Wenn man diesen Gedanken verallgemeinern, aber das Hinzufügen weiterer glücklicher Personen nicht als moralisch verbindlich ansehen möchte, kann man stattdessen vorschlagen, das Glück *in Proportion zur Populationsgröße* möglichst zu maximieren. Wir würden dann variable Populationsgrößen einberechnen, indem wir nicht den Gesamtwert, sondern den Durchschnittswert pro Individuum zu maximieren trachten:

Durchschnittstheorie

Ein Szenario ist besser als ein anderes, wenn es ein größeres durchschnittliches Wohlergehen pro Kopf bietet.

Einige erste Anwendungsbeispiele lassen diese Theorie als aussichtsreich erscheinen. Sie besagt z. B., dass es moralisch neutral ist, weitere Individuen zu zeugen, denen es erwartbar so gut geht, wie es Menschen im Durchschnitt bereits geht. Ebenso impliziert sie, dass es falsch wäre, ein Kind zu zeugen, dem es sehr schlecht ergehen würde – denn dies würde das Durchschnittsglück verringern.

Allerdings hat die Durchschnittstheorie Schwierigkeiten. Zunächst einmal widerspricht sie unseren Ansichten über die Asymmetrie, denn sie impliziert ja, dass wir gute moralische Gründe haben, ein Kind zu zeugen, wenn das Wohlergehen dieses Kindes absehbar über dem Durchschnitt liegt. Darüber hinaus trifft die Theorie auf weitere fatale Gegenbeispiele. Nehmen wir

z. B. an, wir hätten die Möglichkeit, ein weiteres Kind zu zeugen, ohne etwas am Wohlergehen der sonstigen Bevölkerung zu ändern. Dieses Kind wäre ziemlich glücklich, allerdings eine kleine Nuance weniger glücklich als der Durchschnitt der Bevölkerung. Die folgende Tabelle erfasst diesen Beispielfall:

	RESTPOPULATION	BELINDA
S1	70	---
S2	70	69

Hier besagt die Durchschnittstheorie: Es wäre moralisch besser, Belinda nicht zu zeugen. Doch diese Konklusion ist schwer zu begründen. Belinda hätte ja ein wirklich gutes Leben. (Wir können uns vorstellen, dass der Wert 70 für eine extrem hohe Lebensqualität steht und 69 keine sehr große Abweichung nach unten bedeutet.) Ihre Existenz ist ein großes existenzielles Gut für sie, und sie schadet laut Voraussetzung niemandem. Wie kann es *schlechter* sein, wenn sie zur Existenz gelangt?

Es geht dabei wohlgemerkt gar nicht darum, ob es *besser* wär oder nicht, Belinda zu zeugen. Wenn unsere Intuitionen über die Asymmetrie stimmen, wär es moralisch gesehen neutral. Aber das ist etwas anderes, als zu sagen, dass die Welt durch Belindas glückliche Existenz *schlechter* wird!

Viele Autor:innen schließen, dass eine adäquate Theorie folgende Bedingung erfüllen muss:

> **Prinzip der bloßen Addition**
>
> Die Existenz zusätzlicher glücklicher Menschen kann ein Szenario nicht schlechter machen.

Dieses Prinzip hat große Plausibilität – doch die Durchschnittstheorie widerspricht ihm leider.

Und das ist noch nicht der schlimmste Mangel. Die Durchschnittstheorie ergibt eine weitere Absurdität. Ihr zufolge kann es besser sein, eine Person mit einem qualvollen Leben zu zeugen als 100 Menschen mit einem glücklichen, leicht unterdurchschnittlichen Leben. Nehmen wir an, die Restpopulation bestehe aus 1000 Menschen, von denen jede:r eine Wohlfahrt von 70 hat. Wir könnten 100 Menschen hinzufügen, mit einer Wohlfahrt von je 60. Der neue Durchschnitt wäre so:

$$\frac{1000 \times 70 + 100 \times 60}{1000 + 100} = 69{,}09$$

Wir haben vorhin bereits festgestellt, dass diese Hinzufügung glücklicher Leben der Theorie zufolge eine Verschlechterung wäre. Schon das ist, wie gesagt, absurd. Aber hier geht es um etwas anderes. Angenommen, wir könnten nicht auf eine Zeugung verzichten. Wir hätten lediglich die Wahl zwischen jenen 100 Menschen, die eben beschrieben wurden, oder *einer* neuen Person, deren Wohlfahrt negativ wäre, nämlich bei −10 läge. Diese Person hätte ein Leben, von dem sie selbst berechtigter Weise wünschen würde, dass es ihr erspart worden wäre. Doch der Durchschnitt wäre:

$$\frac{1000 \times 70 + 1 \times -10}{1000 + 1} = 69{,}92$$

Das heißt: Wenn das Durchschnittsprinzip unsere Vorstellung von einer insgesamt glücklicheren Population erfassen soll, dann müsste uns diese zweite Option als die bessere gelten. (Kurz gesagt kann es sein, dass ein einzelnes qualvolles Leben den Gesamtdurchschnitt weniger nach unten zieht als eine hinreichend große Anzahl guter, aber leicht unterdurchschnittlicher Leben.) Man muss sich diesen Gedanken deutlich vor Augen halten, um seine volle Absurdität zu würdigen: Es würde heißen, dass es besser wäre, ein qualvolles Leben zu zeugen als hundert ziemlich glückliche Leben!

Wir können dieses Problem mithilfe eines Balkendiagramms noch etwas deutlicher machen:

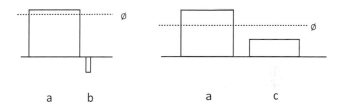

Wie in Kap. 1 beschrieben, steht ein Balken für eine Gruppe von Personen. Die Höhe des Balkens gibt die Lebensqualität dieser Personen an, die Breite ihre Anzahl (i. e., die Gruppengröße). Hier vergleichen wir zwei Szenarien, in der zu einer Teilpopulation a mit einer gegebenen Lebensqualität entweder eine kleine weitere Gruppe b mit negativer Wohlfahrt (also einem Leben, das ein Übel ist) oder eine größere Gruppe c mit positiver Wohlfahrt hinzugefügt wird. Die gestrichelten Linien zeigen dabei die resultierende durchschnittliche Wohlfahrt an. Und wir können sehen, dass die kleine Gruppe leidender Personen den Durchschnitt in geringerem Maße senkt (im Vergleich zum Niveau von a) als es die größere Gruppe glücklicher Personen tut. Das linke Szenario wäre besser.

Diese Absurdität trägt in der Populationsethik einen passenden Namen (Arrhenius 2000):

> **Sadistische Konsequenz**
>
> Es kann besser sein, zu einer gegebenen Population (deren Wohlfahrt nicht tangiert wird) Menschen mit negativer Wohlfahrt statt Menschen mit positiver Wohlfahrt hinzuzufügen.

Das größte Problem für die Durchschnittstheorie lautet: Sie impliziert die Sadistische Konsequenz.

6.2 Die Gesamtsummentheorie und die Abstoßende Konsequenz

In Anbetracht dessen sollten wir vielleicht doch den Gedanken ernst nehmen, der vorhin zuerst beiseitegelassen wurde. Vielleicht sind wir in unserer Bewertung zukünftiger Populationen ja wirklich von dem Kriterium geleitet, dass die Gesamtsumme der Wohlfahrt, berechnet über alle Individuen, möglichst groß ausfällt. Der Gedanke hinter unserer Bewertung von *Jetzt oder Später* wäre also: Wir sollten Nils und nicht Nora zeugen, weil Nils mehr zum Gesamtglück beisteuert.

Parfit stützt diese Idee durch vorteilhafte Vergleiche mit der Durchschnittstheorie. Die letztere würde ja z. B. besagen, dass eine Welt, in der nur ein extrem glücklicher Mensch existiert, besser ist als eine Welt, in der sehr viel mehr Menschen leben, die *fast* genau so glücklich wären:

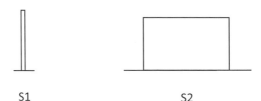

S1   S2

S1 wäre demnach besser als S2. Können wir wirklich so gleichgültig in der Frage der Quantität der glücklichen Leben sein? Umgekehrt gilt: Der Durchschnittstheorie zufolge wäre es schlimmer, wenn nur ein Mensch existiert, dessen Leben nur aus Höllenqualen besteht, als wenn stattdessen viel mehr Menschen existieren, deren Leben Höllenqualen in kaum verminderter Form enthält:

S1   S2

Zur Erinnerung: Balken unterhalb der Linie stehen für ein Leben mit negativer Wohlfahrt – Leben also, die eine Qual wären. Hier würde die Durchschnittstheorie S2 für besser als S1 halten. Auch das erscheint nicht richtig. Es kümmert uns, dass in S2 einfach *so viel mehr* Menschen leiden müssen.

Dies zeigt, dass wir in der Tat auch eine überpersönliche Gesamtbilanz in Betracht ziehen. Es interessiert uns nicht nur, wie glücklich oder unglücklich Individuen sind, sondern wie viele es sind, denen dergestalt Glück oder Unglück zuteil wird. Wir ziehen also diese Theorie in Betracht:

Gesamtsummentheorie

Ein Szenario ist besser als ein anderes, wenn die Summe der Wohlfahrtswerte aller Individuen im ersten höher ist als im zweiten.

Erinnern wir uns nun an:

Jetzt oder später (numerisch)		
	NORA	NILS
ZEUGUNG JETZT	50	---
ZEUGUNG IN 3 MONATEN	---	70

Egal, welche Summe sich aus den Wohlfahrtswerten der Restpopulation ergibt: Wenn wir weiter davon ausgehen, dass sie zwischen den Szenarien nicht variieren, so ergibt sich durch die Zeugung in 3 Monaten eine Gesamtsumme von 20 Wohlfahrtspunkten mehr. Auf diese Weise ließe sich begründen, warum das Prinzip Q gilt (warum wir also u. a. bei gleicher Populationsgrößer lieber glückliche Leben zeugen sollten), und warum wir in der Tat die spätere Zeugung befürworten.

Allerdings wird schnell klar, dass die Gesamtsummentheorie problematische Konsequenzen hat. Nehmen wir zum Beispiel an, dass es uns im Falle von Nils und Nora *auch* möglich ist, einfach kein weiteres Kind zu zeugen. Die Tabelle, die um diese Option erweitert ist, sieht wie folgt aus:

	NORA	NILS
ZEUGUNG JETZT	50	---
ZEUGUNG IN 3 MONATEN	---	70
KEINE ZEUGUNG	---	---

Die Gesamtnutzentheorie beruht nun darauf, die Summe der Wohlfahrtswerte aller Individuen zu bilden, die in einem Szenario existieren, auch bei variablen Populationen. Und das heißt aber: Die Option, in der wir auf die Zeugung ganz verzichten, steht am schlechtesten da. Nicht nur ist es besser, Nils zu zeugen als Nora zu zeugen. *Beides* ist im gleichen Sinne besser als nicht zu zeugen.

Und das bedeutet: Genau die Erwägungen, die es im Nichtidentitätsproblem falsch machen sollen, gleich zu zeugen, machen es auch falsch (sogar in höherem Maße), auf eine Zeugung zu verzichten. Wir gelangen also zu einem Widerspruch mit dem Urteil, das wir *Asymmetrie I* genannt haben. Stattdessen gelangen wir zu einer Sichtweise wie derjenigen von Richard M. Hare (s. Abschn. 4.2), der zufolge es in der Tat eine *Pro-tanto-*Pflicht zur Zeugung weiterer glücklicher Kinder gibt!

Aber das ist noch längst nicht alles. Wir können uns außerdem eine Variante vorstellen, in der wir bei einer Zeugung in 3 Monaten nicht etwa den glücklichen Nils zeugen würden, sondern stattdessen *zwei* Kinder, deren Leben noch deutlich schwieriger und weniger glücklich wäre als Noras. (Wiederum nehmen wir aber an, dass ihre Wohlfahrt immer noch positiv ausfällt.) Also:

	NORA	OSKAR	PETER
ZEUGUNG JETZT	50	---	---
ZEUGUNG IN 3 MONATEN	---	35	35

Die Gesamtnutzentheorie wird diesen Fall nun genau so beurteilen, wie den obigen Fall von Nils und Nora. Aber das erscheint vielen Leser:innen alles andere als plausibel. Es ist schon schwer zu glauben, dass wir eine Pflicht haben sollen, glückliche Kinder zu zeugen (s. o.). Aber dass wir die Pflicht haben sollen, lieber *noch mehr* Kinder zu zeugen, auch wenn sie *unglücklicher* sind, ist absurd.

Denn es ist leicht zu erkennen, dass diese Konsequenz sich noch deutlich drastischer darstellen lässt. Greifen wir an dieser Stelle erneut auf das Mittel der Balkendiagramme zurück:

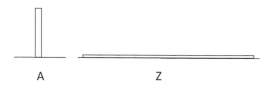

Im Szenario A haben wir es mit einer Population glücklicher Menschen zu tun. In Z existieren im Vergleich *sehr* viel mehr Menschen, deren Lebensqualität *sehr* viel geringer ist. Dass der rechte Balken nur knapp über der Linie liegt, bedeutet, dass die Menschen in Z nur ganz knapp von dem Punkt entfernt sind, an dem ihr Leben aufhört, irgendeinen positiven Wert für sie zu haben.

Das Problem für die Durchschnittstheorie lautet: Solange sichergestellt ist, dass der Balken der Population in Z so breit ist, dass dieser Balken eine größere Fläche hat als der Balken der Population in A, solange müssen wir schließen, dass das Szenario Z besser ist als Szenario A. Aber das Leben der Menschen in Z ist *gerade noch lebenswert* – also gerade noch so, dass die Menschen es vorziehen, zu existieren. Wir müssen aber, wenn wir der Durchschnittstheorie glauben, urteilen, dass diese triste Misere, wenn sie oft genug vorliegt, jegliche höhere Wohlfahrt aufwiegen kann!

Parfit selbst hält diese Konsequenz für untragbar. Auch sie hat einen sprechenden Namen:

Abstoßende Konsequenz

Für jedes Szenario mit 10 Mrd. glücklichen Menschen gibt es ein vorstellbares Szenario mit einer größeren Population, das besser ist, obwohl alle Mitglieder ein Leben führen würden, das nur gerade eben noch lebenswert ist.

Die Gesamtsummentheorie impliziert diese Konsequenz. Das macht sie, so Parfit, unhaltbar.

6.3 *Für Unerschrockene:* Ein kritisches Niveau?

Im Lichte dieser Schwierigkeiten plädieren einige Autor:innen, besonders aus dem Bereich der Wirtschaftswissenschaften (vgl. Broome 2004; Blackorby, Bossert und Donaldson 1997) dafür, die Gesamtsummentheorie um ein Element zu erweitern. Um der Abstoßenden Konsequenz zu entgehen, schlagen sie vor: In der Populationsethik ist gut mitunter nicht gut genug. Bei der Beurteilung des Werts von Bevölkerungszuwächsen sollten wir uns nicht damit zufriedengeben, dass die weiteren Leben oberhalb der Schwelle liegen, an dem ein Leben nicht mehr lebenswert ist. Zusätzliche menschliche Leben sind nur dann etwas Gutes, wenn sie deutlich besser sind als das.

Das bedeutet, dass die gegenwärtige Theorie die Überzeugung fallen lässt, die wir oben als das Prinzip der bloßen Addition bezeichnet haben. Die Hinzufügung weiterer Leben, die jeweils für die Subjekte durchaus noch gut sind, ist demnach nicht automatisch gut oder zumindest neutral. Wir sollten anspruchsvoller sein und ein höheres *Mindestniveau* festlegen, das erfüllt sein sollte. Betrachten wir dazu folgende zwei Alternativen:

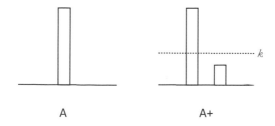

Die gestrichelte Linie im rechten Diagramm steht für das kritische Niveau (*k*), das die Theorie festlegt. Der Gedanke lautet dann: Die zusätzlichen Leben, die A+ im Vergleich zu A enthält (symbolisiert durch den rechten Balken des rechten Diagramms), sind durchaus lebenswert. Sie liegen oberhalb der unteren Linie, die ja für den Punkt steht, unterhalb dessen ein Leben insgesamt eher ein Übel darstellt. Zugleich aber liegen diese zusätzlichen Leben unterhalb des kritischen Niveaus. Und das bedeutet, dass ihre Hinzufügung Szenario A+ insgesamt *schlechter* macht als A.

Wir verfahren in unserer Bewertung also wie folgt: Wie in der Gesamtsummentheorie bilden wir die Summe der Wohlfahrtswerte aller Individuen. Aber wir berücksichtigen dabei nur den Teil ihrer Wohlfahrt, der einen positiven kritischen Wert (den wir weiterhin *k* nennen) übersteigt. Mathematisch heißt das, dass wir vom Wert jedes Individuums die Konstante *k* subtrahieren. Also:

Kritisches-Niveau-Gesamtsummentheorie

Ein Szenario ist besser als ein anderes, wenn die Summe der Wohlfahrtswerte aller Individuen, abzüglich jeweils einer Konstante *k* (für *k* > 0), höher ist.

Der Vorzug dieses Ansatzes ist es eben, der Abstoßenden Konsequenz zu entgehen. Wenn wir an das obige Diagramm denken, wird es klar, dass die Population Z (der sehr flache, sehr breite Balken) unterhalb des kritischen Niveaus liegen wird. Wir können damit unser Urteil einfangen: Zwar ist es für kein Individuum in Z schlecht, zu existieren. Und doch ist das Szenario Z schlecht. Erklärt wird dies durch das erwähnte Motto: Gut (bzw. eher: so lala) ist mitunter nicht gut genug.

Allerdings ergibt sich auch aus dieser Theorie eine unhaltbare Konsequenz – und zwar ist es eine, die wir bereits im Zusammenhang mit der Durchschnittstheorie kennen gelernt haben. Die Kritisches-Niveau-Gesamtsummentheorie impliziert nämlich die Sadistische Konsequenz. Es ist ja gerade der Witz der Theorie, dass die Hinzufügung von Leben, die durchaus noch gut sind, dennoch negativ (als Minus) zu Buche schlagen kann. Und das heißt einfach: Wenn wir nur hinreichend viele Leben hinzufügen, die gut, aber nicht gut genug sind, kann dies ein stärkeres Minus ergeben als die Hinzufügung eines einzelnen Lebens, das im absolut negativen Bereich ist.

Auch das lässt sich in einem unserer Balkendiagramme einfach veranschaulichen, wie folgt:

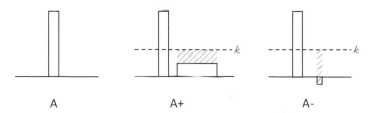

A   A+   A-

Die schraffierten Flächen zeigen dabei den Teil der gesamten Wohlfahrt an, der (nach Abzug der Konstante k) negativ zu Buche schlägt. Und wir sehen: A+ erzeugt ein größeres Minus. Und das würde wiederum bedeuten, dass es besser ist, die leidende Teilgruppe in A- zu A hinzuzufügen, als die größere, aber durchaus zufriedene Gruppe in A+. Eben das ist die Sadistische Konsequenz.

Wie im Falle der Durchschnittstheorie so gilt auch hier: Diese Implikation erscheint absurd.

6.4   Für Unerschrockene: Abnehmender marginaler Wert

Leser:innen, die mit ökonomischem Denken vertraut sind, sind womöglich längst ungeduldig. Denn die Lösung mag ihnen offenkundig erscheinen: Zusätzliche menschliche Existenzen haben, wie alles andere auch, einen abnehmenden marginalen Wert. Von abnehmendem marginalem Wert (oder auch: abnehmendem Grenznutzen) spricht man, wenn jede weitere zusätzliche Einheit eines Guts einen geringeren Wert-Zuwachs bringt. Um mit einem prosaischen Beispiel zu beginnen: Wenn Sie Schokolade mögen, aber im Moment keine haben, dann wird es Ihnen Freude machen, wenn Sie eine Tafel Schokolade erhalten. Wenn Ihnen dann aber immer mehr und mehr weitere Tafeln zugehen, bringt Ihnen das bald immer weniger zusätzliche Freude. Und wenn Sie sich irgendwann vor Schokolade kaum zu retten wissen, wird Ihnen jede weitere Tafel fast egal sein.

Die Idee, dass der Wert einer Menge von Gütern mit jedem Zuwachs immer weniger ansteigt, wird in der Ökonomie sehr allgemein vertreten. Daher kommt der Gedanke, um den es jetzt geht: Vielleicht steht es auch mit dem Wert einer anwachsenden Population ganz ähnlich wie mit Schokolade (und allem anderen)? Wir würden dann behaupten, dass zusätzliche Leben mit einem gegebenen Wohlfahrtsniveau immer geringere Beiträge zum Gesamtwert des resultierenden Szenarios leisten. Solange es also nur wenige glückliche Menschen gibt, ist jedes weitere Leben ein enormer Zugewinn und macht die Welt zu einem deutlich besseren Ort. Existieren aber bereits viele glückliche Menschen, so ist jeder weitere Zuwachs, moralisch betrachtet, weniger bedeutsam.

Vorschläge dieser Art unterbreiten z. B. Thomas Hurka, Yew-Kwang Ng und Theodore Sider. Wir betrachten zunächst eine vergleichsweise einfache Version, diejenige von Ng (1989).

Nehmen wir an, die durchschnittliche Wohlfahrt in Szenario S1 sei *Q1,* in S2 hingegen *Q2.* Dann besagt die Durchschnittstheorie, dass S1 genau dann besser ist als S2 wenn *Q1 > Q2.* Die Gesamtsummentheorie hingegen besagt, dass S1 genau dann besser als S2 ist, wenn n × *Q1* > m × *Q2* (wobei die Faktoren n und m für die Anzahl der existierenden Personen in S1 bzw. in S2 stehen).

Das Prinzip von Ng verwendet weder den Durchschnittswert noch die Gesamtsumme. Er schlägt vor, den Wert von S1 zu bemessen, indem man nicht die Gesamtsumme, sondern eine *gewichtete* Gesamtsumme der Wohlfahrt der Individuen betrachtet. Dazu wird *Q1* nicht mit *n* multipliziert (wie in der Gesamtsummentheorie), sondern mit einer *konkaven Funktion* von *n.* Eine konkave Funktion hat eine Krümmung, die genau der Idee entspricht, die wir hier artikulieren wollen – sie steigt an, aber in einem immer geringeren Maße. Damit steigt der Wert eines Szenarios mit der Anzahl weiterer Personen in verlangsamter Form an.

Nehmen wir es genau. Ng schlägt vor, dass sich der Wert des Szenarios S1 bestimmt durch:

$$f(n) \times Q1,$$

wobei die Funktion *f,* die für die abnehmende Gewichtung zuständig ist, definiert wird als:

$$f(n) = \sum_{i=1}^{n} k^{i-1}$$

wobei gilt: 0 < *k* < 1. Da die Konstante *k* kleiner ist als 1, ist *f*(n) konkav. Mit steigenden Werten von *n* ergibt sich also ein geringerer Anstieg für f(n), und also ein verringerter Anstieg für den Wert der gewichteten Wohlfahrtssumme, f(n) × $Q1$. Wir können dies in einer Tabelle veranschaulichen. Wählen wir für $Q1$ den Wert 70, und setzen wir für k den Wert 0,9 fest. Dann ergibt sich Folgendes:

Anzahl (n)	f (n)	f (n) x Q1
1	1	70
2	1,9	133
3	2,71	189,7
5	4,0951	286,657
10	6,5132	455,925
50	9,9484	696,3924
100	9,9997	699,9814

Die entsprechend gewichtete Gesamtwohlfahrt (bei $Q1 = 70$) nimmt dann ungefähr diesen Verlauf:

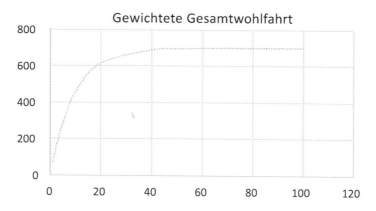

Wir sehen hier, wie der Gesamtwert eines Populationsszenarios (gemessen auf der y-Achse) mit weiteren Menschen (deren Anzahl die x-Achse anzeigt) ansteigt, aber in verlangsamter Form. Wir sehen ebenfalls, dass die Funktion gegen einen endlichen Wert *konvergiert* – also sich einem Oberwert annähert, den sie nicht überschreiten wird. (Das ist nicht bei jeder konkaven Funktion so.) Wir können das so ausdrücken: Es gibt für Populationen mit einem gegebenen Durchschnittsglück einen Oberwert, der nicht überschritten wird, egal wie groß die Population ist.

Generell hat diese Idee große Überzeugungskraft. Auch wenn es uns Menschen vielleicht als ehrenrührig erscheint, können wir unsere Überzeugungen über den Wert anderer Spezies heranziehen. Wenn eine bestimmte Tier-Spezies dem Aussterben nahe ist, so erscheint uns jedes neugeborene Mitglied dieser Spezies als sehr wichtig. Ist diese Spezies hingegen sehr verbreitet, so sehen wir tendenziell wenig Sinn darin, eine noch größere Verbreitung in der Zukunft anzustreben.

Man kann den Witz der Theorie auch so formulieren: Bei sehr kleineren Bevölkerungsgrößen gleicht sie der Gesamtsummentheorie – jedes weitere Glied zählt und trägt fast den gesamten Wert seines:ihres Wohlergehens zum Wert des Szenarios bei. Bei größeren Bevölkerungen hingegen gleicht die Theorie der Durchschnittstheorie – zusätzliche Leben machen eigentlich nur noch dann einen Unterschied, wenn sie den Wert der Durchschnittswohlfahrt (also den Wert $Q1$) verändern.

Der Vorzug dieses Ansatzes liegt natürlich zunächst in der Vermeidung der Abstoßenden Konsequenz. Es ist klar, dass ein Szenario wie Z im obigen Schaubild (s. S. 78) einem Szenario wie A nicht das sprichwörtliche Wasser reichen könnte. Das Durchschnittsglück ist von Anfang an gering, und das fortgesetzte Hinzufügen weiterer Existenzen mit dem gleichen Glücksniveau macht einen immer geringeren Unterschied und erreicht irgendwann ein Niveau, das nicht überschritten wird.

Dafür teilt die Theorie von Ng allerdings viele der Probleme, die die Durchschnittstheorie plagen. Auch Ngs Theorie widerspricht dem Prinzip der bloßen Addition. Es kann sein, dass ein weiteres, einigermaßen glückliches

Leben den Durchschnitt in einer Weise senkt, die durch den Zugewinn dieses weiteren Lebens nicht wettgemacht wird. Angenommen, wir haben z. B. eine Population von 50 Personen mit einem durchschnittlichen Wohlergehen von $Q1 = 70$. Der Wert dieser Population, wie ihn Ngs Gleichung bestimmt, ist 696,3924 (s. Tabelle). Nun fügen wir aber 50 Individuen hinzu, die nur eine Wohlfahrt von 50 haben. Das senkt den Durchschnitt auf nur noch $Q2 = 60$. Der Wert des resultierenden Szenarios ist dann lediglich $60 \times 9,9997 = 599,982$.

Ebenso entgeht die Theorie Ngs der Sadistischen Konsequenz nicht. Szenarien können so gewählt werden, dass eine größere Zahl an unterdurchschnittlichen, aber glücklichen Leben den Wert im Sinne Ngs stärker senkt als ein einzelnes qualvolles Leben.

Es gibt jedoch raffiniertere Varianten einer Theorie abnehmenden marginalen Werts. Theodore Sider (Sider 1991) formuliert einen Ansatz, der den angesprochenen Schwierigkeiten entgeht. Seine Idee lautet: In der Bewertung eines Zukunftsszenarios sollten diejenigen besondere Bedeutung haben, für die besonders viel auf dem Spiel steht – diejenigen also, die besonders glücklich oder aber besonders unglücklich in diesem Szenario sind. Sie erhalten größeres Gewicht.

Wie wird diese Idee umgesetzt? Die Theorie verlangt zunächst, eine zu bewertende Population in zwei Gruppen einzuteilen: in die Gruppe derer, deren Wohlfahrt insgesamt positiv ist, und die Gruppe derer, deren Wohlfahrt negativ ist. Nun ordnen wir die Individuen in der positiven Gruppe nach absteigender und die in der negativen Gruppe nach ansteigender individueller Wohlfahrt. Wir beginnen also jeweils mit denjenigen, denen es am besten bzw. am schlimmsten von allen ergeht. Bildlich gesprochen schreiten wir beide Gruppen dann ab und geben späteren Individuen, deren Wohlfahrt immer weniger extrem ausgeprägt ist, ein immer geringeres Gewicht in unserer Bilanz.

Der Vollständigkeit halber fassen wir auch dies mathematisch: v_i sei der Zahlenwert, der die Wohlfahrt eines glücklichen Individuums i angibt, w_j der Wert eines unglücklichen Individuums j. Wir nehmen an, es gibt n Individuen in der „glücklichen" Gruppe und m Individuen in der „unglücklichen" Gruppe. Wir nummerieren die Individuen in der ersten Gruppe in der Form 1,...i,...n nach absteigender individueller Wohlfahrt; die Individuen der zweiten Gruppe nummerieren wir in der Form 1, ...j, ...m. Wir verwenden, wie in Ngs Theorie, einen Faktor k (mit $0 < k < 1$), den wir potenzieren, um das abnehmende Gewicht einzurechnen. Die Theorie Siders besagt dann, dass sich der Wert des fraglichen Szenarios an der folgenden Formel bemessen lässt:

$$\sum_{i=1}^{n} k^{i-1} \times v_i + \sum_{j=1}^{m} k^{j-1} \times w_j$$

Es lässt sich zeigen, dass Siders Ansatz den obigen Einwänden gegen Ngs Theorie entgehen kann. Allerdings – ich habe eingangs darauf hingewiesen – ist auch Siders Theorie kein geeigneter Kandidat für Parfits Theorie X. Eine Schwierigkeit wird deutlich, wenn man sich Szenarien ansieht, in denen Wohlfahrt ungleich verteilt ist – also Individuen unterschiedlich gut dastehen, wie hier:

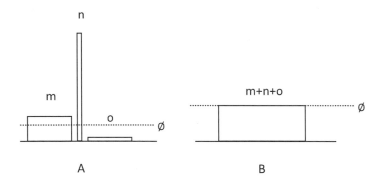

Szenario A und B bestehen aus Populationen gleicher Größe (m+n+o Individuen). In A herrschen große Unterschiede in der individuellen Wohlfahrt: einer kleinen Gruppe von n Individuen geht es glänzend, einer größeren Gruppe von m Individuen ziemlich gut, und einer ebenso großen Gruppe von o Individuen nur gerade noch gut. In Szenario B hingegen ist die Wohlfahrt gleich verteilt. Wir sollen annehmen, dass die Durchschnittswohlfahrt in B höher ausfällt (wie oben verzeichnet).

Nun gilt: Da besonders glückliche Individuen (und besonders unglückliche, die hier aber zum Glück nicht vorkommen) besonderes Gewicht für die Gesamtbewertung haben, kann es sein, dass A in der Bewertung besser davonkommt. Das besondere Gewicht für die n extrem privilegierten Individuen in A leistet ja einen besonderen Beitrag zu der Gesamtbewertung, der einen enormen Vorsprung gegenüber B bedeutet (wo dieses große Gewicht weniger glücklichen Individuen zukommt). Und wenn wir an den Punkt gelangen, an dem die letzten o Individuen in A schlechter dastehen als die Leute in B, wird ihr Beitrag durch den Faktor kaum noch gewichtet.

Was ist von diesem Resultat zu halten? Ist A wirklich besser als B? Das ist bei näherer Betrachtung nicht zu glauben. Immerhin gilt laut Annahme, dass die durchschnittliche Wohlfahrt in B höher ist. Da die Population gleich groß ist wie in A, muss damit auch die Gesamtsumme an Wohlfahrt höher sein. Es gibt also durchschnittlich *und* absolut mehr Glück in B – und zu guter Letzt ist dieses größere Gesamtglück auch noch weniger ungleich zwischen den Individuen verteilt!

Die Theorie Siders muss also behaupten, dass es besser ist, wenn *weniger* Glück über gleich viele Menschen verteilt ist, sofern es so geschieht, dass einige Privilegierte besonders gut abschneiden. Auch diese These erscheint absurd. Man mag verschiedene Ansichten zum Wert der Verteilungsgerechtigkeit haben. Aber dass eine Ungleichverteilung *besser* ist, und sogar ein geringeres Durchschnitts- und Gesamtwohl überwiegen kann, ist sicherlich nicht zu glauben.

Auch diese absurde Implikation hat, wie der:die Leser:in antizipieren wird, einen Titel:

Anti-Egalitaristische Konsequenz

Ein Szenario kann besser sein als ein anderes, obwohl die Durchschnitts- und Gesamtwohlfahrt geringer ist, sofern diese Wohlfahrt auch ungleich verteilt ist.

Siders Theorie erweist sich als unhaltbar, weil sie die Anti-Egalitaristische Konsequenz impliziert.

6.5   Ist eine vernünftige Populationsethik unmöglich?

Der:die Leser:in mag an dieser Stelle außer Puste sein, mindestens in intellektueller Hinsicht. Wir haben vielfältige, zunehmend komplizierte Ansätze dazu besprochen, wie zukünftige Szenarien bewertet werden sollten – und alle von ihnen laufen auf offenkundig absurde Folgerungen hinaus.

Man könnte das nun für einen bloßen Mangel in der Theoriebildung halten. Vielleicht ist uns die richtige ethische Theorie einfach noch nicht eingefallen? Der Philosoph Gustaf Arrhenius (2000) zeigt: Es gibt keine Populationsethik, die vor solchen Absurditäten gefeit ist (zumindest dann, wenn wir bestimmte allgemeine Annahmen akzeptieren, z. B. die, dass sich Zukunftsszenarien generell als besser, schlechter, oder gleich gut bewerten lassen, und dass diese Vergleiche gemeinhin akzeptierten logischen Kriterien genügen). Arrhenius führt einen sogenannten Unmöglichkeitsbeweis, der darauf hinausläuft, dass *jede* Theorie des Werts zukünftiger Populationen (unter den genannten Annahmen) auf mindestens eine der hier diskutierten Absurditäten hinauslaufen muss. Theorie X, so zeigt sich, gibt es nicht.

7

Darf's ein bisschen mehr sein?
Die Paradoxie der bloßen Addition

Wir haben bislang vergeblich versucht, allgemeine Prinzipien der Populationsethik zu formulieren. Aber Derek Parfit zeigt: Es sind vielleicht nicht nur solche allgemeinen Prinzipien, die versagen. Vielleicht sind es schon unsere vortheoretischen Urteile – unsere „Intuitionen", wie es oft heißt –, die in heilloser Unordnung sind. Vielleicht sind unsere tief verankerten Ideen über den Wert zukünftiger Existenzen letztlich also einfach ungereimt? Das würde bedeuten, dass der Fehler nicht in den theoretischen Vorschlägen liegt. Die Schwierigkeit, unsere Wertvorstellungen kohärent zu formulieren, könnte *aus diesen Vorstellungen selbst* stammen. Wir haben vielleicht nur ungereimte und letztlich unhaltbare Ideen vom Wert zukünftigen Lebens.

Parfit zeigt dies an einer sogenannten Paradoxie – also an einem Fall, in dem aus einfachen und höchst glaubwürdigen Vorstellungen etwas folgt, das uns zu

T. Henning, *Die Zukunft der Menschheit – soll es uns weiter geben?*, #philosophieorientiert, https://doi.org/10.1007/978-3-662-65536-8_7

glauben unmöglich ist. Dieser berühmte Fall trägt den Titel *Paradoxie der bloßen Addition.* Es handelt sich dabei gar nicht um ein konkret ausgestaltetes Beispiel, sondern lediglich um eine Kombination der vertrauten Diagramme:

Die Paradoxie der bloßen Addition

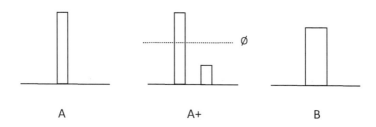

Betrachten wir diese Fälle nun paarweise, von links nach rechts. Der Unterschied von A und A+ hat uns bereits zuvor beschäftigt. Zuerst hatten wir das Prinzip der bloßen Addition vorgeschlagen, das besagt, dass die Hinzufügung weiterer Leben, die für sich genommen durchaus noch gut sind, ein Szenario nicht schlechter machen kann. Das hat die Kritisches-Niveau-Gesamtsummentheorie dann bestritten – aber wir haben festgestellt, dass sie es um den Preis der Absurdität tut. Es empfiehlt sich daher, bei der intuitiven Einschätzung zu bleiben: A+ ist zwar vielleicht nicht besser als A (man erinnere sich an *Die Asymmetrie Teil I*), aber sicher ist A+ auch keine Verschlechterung.

Wir halten also als erstes intuitives Urteil fest: A+ ist nicht schlechter als A. Und wenn etwas nicht schlechter ist, sagen wir im Alltag zumeist auch folgendes: A+ ist *mindestens ebenso gut* wie A. (Obacht: Wir steuern ja auf eine Paradoxie zu, deswegen sollte uns kein noch so kleiner Schritt als harmlos gelten. Und das betrifft sogar diesen Punkt. Einige Autor:innen akzeptieren zwar, dass

A+ *nicht schlechter* sei als A, meinen aber, dass dies nicht bedeuten müsse, dass A+ *mindestens ebenso gut* sei. Stattdessen könnten A und A+ auch unvergleichbar sein, also weder besser, noch schlechter, noch gleich gut. Oder A und A+ könnten in einer komplexeren Beziehung stehen. Parfit selbst schlägt derlei vor, wie wir hören werden. Vorerst folgen wir aber der jetzigen Argumentation.)

Nun zum Vergleich von A+ und B. B enthält einen Balken, der so breit ist wie die beiden Balken in A+ zusammen. Das heißt: In B leben so viele Menschen wie in A+. Aber es gibt zwei Unterschiede: *Erstens* gibt es keine Ungleichheit in der Lebensqualität. Es gibt keine zwei Gruppen mit unterschiedlicher Wohlfahrt, sondern eine Gruppe von Individuen, denen es gleich gut ergeht. *Zweitens* hat der Balken eine Höhe, die näher an dem höheren Balken in A+ als an dem tieferen Balken in A+ ist. Und das heißt: Den Menschen in B ergeht es besser als dem Durchschnitt in A+. (Unser Diagramm erfasst diesen Durchschnitt, wie zuvor, durch die gepunktete Linie.) Das heißt: Wir haben beim Wechsel von A+ zu B den schlechtergestellten Individuen in A+ mehr geholfen, als wir den besser gestellten Individuen in A+ geschadet haben. Der Wechsel von A+ zu B ist also kein Nullsummenspiel, sondern ein Zugewinn an Wohlfahrt. Da beide Populationen gleich groß sind, gilt dies sowohl für den Durchschnitt als auch für die Gesamtsumme: B enthält mehr Glück.

Das heißt, so Parfit: Beim Vergleich von A+ und B können wir noch bestimmter sein als beim vorigen Vergleich. Es wäre zu wenig, bloß zu sagen, dass B keine Verschlechterung im Vergleich zu A+ ist. Immerhin gibt es sowohl mehr Gleichheit als auch mehr Glück (sowohl im Durchschnitt als auch in der Summe). Zwei unserer zentralen, intuitiven ethischen Kriterien – die *Gerechtigkeit* und die *Wohltätigkeit* – sollten die Zunahme an Gleichheit und Wohlfahrt in B einhellig begrüßen. Deshalb, so Parfit, sollten wir sogar folgendes Urteil treffen: B ist eindeutig *besser als* A+.

Es mag nicht auf der Hand liegen – aber diese beiden Thesen ergeben bereits die Paradoxie. Um das zu erkennen, müssen wir die beiden Vergleiche gemeinsam betrachten und kombinieren:

A+ ist mindestens ebenso gut wie A.

B ist besser als A+.

Diese beiden Urteile implizieren etwas über den Vergleich von A, ganz links, und B, ganz rechts:

B ist besser als A.

Warum? Gehen wir schrittweise vor. Wenn wir uns von A zu A+ bewegen, so bleiben die Dinge mindestens ebenso gut. Bewegen wir uns dann weiter zu B, so liegt sogar eine Verbesserung vor. Und das scheint doch zu bedeuten, dass wir uns insgesamt auf dem Weg von A zu B verbessern.

Viele Autor:innen glauben, dass es sich hier sogar um eine logische Wahrheit handelt (vgl. z. B. Broome 2007). Wenn A+ mindestens so gut ist wie A, und B besser als A+, so muss B eben auch besser sein als A. (Man spricht auch von einer Transitivitätseigenschaft dieser Wertvergleiche.)

Okay – aber wieso genau soll es denn absurd sein, B besser zu finden als A? Nun, im direkten Vergleich zeigt sich: B enthält einfach mehr Menschen als A, wobei es allen von ihnen schlechter geht als den Menschen in A. Wir haben die größere Quantität der Leben durch Verlust an Qualität dieser Leben erkauft. Sollen wir das, wie unser Argument fordert, als eine Verbesserung begrüßen?

Das ist schon in dieser Form schwer zu glauben. Wichtig ist aber: Wir können genau dieselbe Reihe an Überlegungen *wiederholen*, dieses Mal mit B als Ausgangspunkt. Wir fügen also eine Gruppe von Individuen hinzu, denen es deutlich schlechter (aber immer noch gut) geht und erhalten B+. Dann gleichen wir die Lebensqualität an in einer Weise, deren Bilanz positiv ist, und haben C. Also:

Die Paradoxie der bloßen Addition, Teil 2

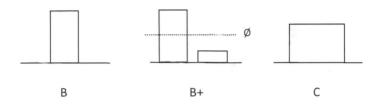

B   B+   C

Wiederum gilt: B+ kann wegen der zusätzlichen Leben, die ja immerhin noch gut sind, kaum schlechter sein als B. Und unsere intuitiven ethischen Kriterien, Gerechtigkeit und Wohltätigkeit, sollten den Schritt von B+ zu C eindeutig als Verbesserung verbuchen. Also: C ist besser als B.

Nun dürfte deutlich sein, wie der sprichwörtliche Hase läuft. Wir können die Argumentation *beliebig oft wiederholen*. Wir können also immer aufs Neue Personen hinzufügen, Wohlfahrt angleichen – und kommen schrittweise zu immer größeren Populationen mit immer geringerer individueller Wohlfahrt. Das ist möglich bis zu dem Punkt, an dem wir bei Population Z anlangen.

Darin liegt die Paradoxie: Unsere ethischen Intuitionen, die mehr Gleichheit und mehr Glück bejahen, führen in Kombination mit dem *Prinzip der bloßen Addition* zur Abstoßenden Konsequenz!

Das ist schwer zu akzeptieren. Die Versuche, dieser Paradoxie der bloßen Addition zu entgehen, bilden daher mittlerweile eine größere Industrie. Es besteht jedoch kein Konsens darüber, welche Reaktion am ehesten aussichtsreich ist. Und ich kann nicht einmal versuchen, sie alle hier auch nur zu erwähnen. Es seien nur einige typische Reaktionen erwähnt: Parfit (2016) z. B. behauptet, dass die Schritte zu immer größeren Populationen mit immer geringerem pro-Kopf Wohlergehen nicht so homogen wären, wie unsere Grafiken es erscheinen lassen. An manchen Stellen wird es bedeutsame Einschnitte geben. An diesen Stellen, so Parfit, kann ein Anwachsen der Bevölkerung und damit ein Anwachsen der Gesamtsumme des Wohlergehens höchstens dafür sorgen, dass die resultierende Welt *ungefähr so gut* ist wie der Vorgänger in der Sequenz. Und diese Beziehung, *ungefähr so gut wie,* ist Parfit zufolge eine, die sich nicht automatisch überträgt – also, wie wir gesagt haben, nicht „transitiv" ist. Wir können viele Schritte nehmen, von denen jeder die Dinge ungefähr so gut belässt wie zuvor, und so insgesamt doch eine Verschlechterung erzeugen.

Andere Autor:innen ziehen aus der Paradoxie die Lehre, dass die Abstoßende Konsequenz gar nicht so abstoßend ist, wie wir dachten (vgl. Huemer 2008). Vielleicht liegt es nur an einem Mangel unserer Vorstellungskraft, dass wir Population Z so schrecklich finden. Immerhin haben wir es hier wirklich mit einer sehr großen Menge an Glück zu tun – wenn auch jeder:jedem Einzelnen nur wenig davon zuteil wird. Und wir haben es ebenfalls mit einer hochgradig egalitären Welt zu tun. Vielleicht ist das gar nicht so abstoßend?

Wie gesagt: Ob sich solche und andere Reaktionen auf die *Paradoxie der bloßen Addition* letztlich als haltbar erweisen, ist unklar. Klarer ist, dass sich aus dieser Paradoxie ein argumentativer Vorteil für die Gesamtsummentheorie ergibt. Immerhin lautete der Haupteinwand gegen diese Theorie ja, dass sie die Abstoßende Konsequenz impliziert. Nun lernen wir jedoch, dass sie mit diesem Schicksal gar nicht allein steht. Die Paradoxie der bloßen Addition ist kein theoretisches Artefakt, sondern sozusagen das Problem von jederfrau:mann. Dann ist sie aber auch womöglich gar kein guter Grund, die Gesamtsummentheorie vorschnell zu den Akten zu legen.

8

Der lange Schatten der Zukunft – *Longtermism*

Wir erinnern uns: Wir haben in früheren Kapiteln einige Prinzipien formuliert, die den Gedanken der Personen-Betroffenheit erfassen sollten (s. v. a. Abschn. 3.2). Dieser Gedanke besagt u. a., dass wir keine Pflicht haben, die Existenz zukünftiger Menschen herbeizuführen, bloß weil sie ein gutes Leben hätten.

Doch in den letzten Kapiteln wurde deutlich, dass dieser Gedanke vielleicht nicht haltbar ist. Das Nicht-identitätsproblem zeigt, dass wir durchaus moralische Gründe zu haben scheinen, einem Menschen zur Existenz zu verhelfen, weil er:sie ein vergleichsweise gutes Leben hätte. Und die Paradoxie der bloßen Addition zeigt: Wir scheinen sogar darauf festgelegt zu sein, dass es oft besser ist, wenn mehr Menschen leben, sofern ihnen in der Summe mehr Wohlergehen zuteil wird.

Vielleicht müssen wir also mit dieser Konsequenz leben und uns von Ideen der Personen-Betroffenheit verabschieden? Vielleicht gilt bei zukünftigen Menschen wirklich: je mehr desto besser? Es ist zunächst nicht allzu schwer, sich mit diesem Gedanken anzufreunden. Doch Obacht, es lauert noch eine weitere Konsequenz, die viele Leser:innen erschrecken dürfte. Dabei handelt es sich nicht um die ausführlich erörterte Abstoßende Konsequenz, aber um etwas Verwandtes – um eine Theorie, die die Existenz vieler zukünftiger Menschen zur einzigen Priorität macht.

8.1   Das Argument für den *Longtermism*

Glück zählt. In vielen ethischen Theorien spielt die Beförderung des Glücks empfindungsfähiger Lebewesen *die* zentrale Rolle, etwa in den Spielarten des sogenannten Utilitarismus. Aber auch in allen anderen Ansätzen hat die Pflicht, für mehr Glück in der Welt zu sorgen, ein großes Gewicht.

Für gewöhnlich richten sich unsere wohltätigen Bemühungen auf solche Menschen und Lebewesen, die bereits existieren. Aber das Nichtidentitätsproblem und die Paradoxie der bloßen Addition legen eben noch etwas anderes nahe: Eine weitere moralisch relevante Option scheint es zu sein, mehr glückliche Leben zu *kreieren*. Das widerspricht, wie erwähnt, dem Gedanken der Personen-Betroffenheit. Erinnern wir uns an das Diktum von Jan Narveson: „We are in favor of making people happy, but neutral about making happy people." Aber die Diskussion der letzten Kapitel legt nahe, dass wir vielleicht doch beide Wege für moralisch relevant halten: Menschen glücklich zu machen *und* glückliche Menschen zu machen.

Es wäre demnach Teil unserer Pflicht der Wohltätigkeit, die Existenz möglichst vieler zusätzlicher glücklicher
Leben zu ermöglichen.

Aber wenn dieser Gedanke erst einmal im Raume steht,
sind seine Konsequenzen kaum noch einzudämmen. Man
muss sich bloß einmal vor Augen führen, wie unglaub-
lich viele Menschen es in Zukunft geben könnte – ganz
besonders dann, wenn wir uns darauf konzentrieren,
bestimmte schädigende Handlungen zu vermeiden und
bestimmte Risiken abzuwenden. Es geht um eine unvor-
stellbar riesige Zahl von Menschen, deren potenziell
lebenswerte Existenzen in unserer Hand liegen. Und
wenn Narvesons Gedanke der Personen-Betroffenheit aufgegeben wird, dann trägt jedes dieser Leben ein gewisses
moralisches Gewicht. In der Summe ergeben sich daraus
Verpflichtungen, die derart schwer wiegen, dass wirklich
alles andere daneben nebensächlich wird.

Es gibt in der aktuellen Debatte eine Position, die diese
Konsequenz bejaht. Der *Longtermism* behauptet: Es gibt
eine moralische Pflicht, die für heutige Menschen Vorrang
vor allen anderen Pflichten hat – die Pflicht, nach Kräften
die langfristige Weiterexistenz der Menschheit zu fördern.

Führen wir uns einige Aspekte des Arguments für den
Longtermism etwas genauer vor Augen. Können wir mehr
darüber sagen, wie viele zukünftige Leben es sind, deren
Existenz auf dem Spiel steht? Hilary Greaves und William
MacAskill, zwei wichtige Vertreter:innen des *Longtermism*,
ziehen zur Beantwortung dieser Frage verschiedene
Schätzungen heran. Diese Schätzungen nehmen z. B. die
typische Lebensspanne ähnlicher Spezies zum Anhalts-
punkt, aber auch wissenschaftliche Prognosen darüber, ob,
wann und in welchem Rahmen die Besiedelung anderer
Planeten und Sonnensysteme möglich sein wird, oder ob
es in der Zukunft die Möglichkeit gibt, dass empfindungs-
fähige Wesen digital existieren. Alle Details sind hier

eingestandenermaßen hochgradig spekulativ. Aber das ist weder verwunderlich noch verwerflich. Wenn man den Gedanken, dass die Existenz zukünftiger Menschen ein wichtiges Thema ist, ernst nimmt (und wer täte das nicht?), dann wird man eben so gut es geht versuchen müssen, die Alternativen abzuschätzen.

Greaves und MacAskill spielen verschiedene solcher Annahmen durch und schätzen ihre Wahrscheinlichkeit ein, um daraus dann zu einem Erwartungswert über die Anzahl der möglichen zukünftigen Menschen zu gelangen. Ihr Ergebnis kann dem:der Leser:in durchaus kurz den Atem verschlagen: „[W]e believe that any reasonable estimate of the expected number of future beings is at least 10^{24}." Das sind 1.000.000.000.000.000.000.000.0 00 Menschen, oder auch eine *Quadrillion*. Zum Vergleich: Die Anzahl der Menschen, die in der Geschichte bisher gelebt hat, ist viel geringer – obwohl wir natürlich wieder auf sehr grobe Schätzungen angewiesen sind. Carl Haub (Haub 2002) schätzt die Zahl der bisherigen Menschen auf 106,5 Mrd. Demnach wäre die Anzahl der möglichen zukünftigen Menschen annähernd 10^{13}-Mal höher als die Zahl derjenigen, die bisher gelebt haben. Wir könnten uns demnach in einer wirklich *sehr* frühen Phase der Menschheitsgeschichte befinden.

Die meisten aller Menschen könnten also erst in der fernen Zukunft zur Existenz gelangen; Greaves und MacAskill schätzen, dass die Zeitspanne der Existenz der Menschheit, sofern wir ihre vorzeitige Auslöschung verhindern können, sehr viele Millionen Jahrhunderte (!) umfassen dürfte.

Nun sind sich, wie gesagt, alle Ethiker:innen darin einig, dass es Pflichten gibt, das Glück der Menschen zu befördern. Und wir nehmen jetzt die Idee ernst, dass *eine* Weise, dieses Glück zu befördern, darin besteht, die Existenz mehr glücklicher Menschen in der Zukunft zu ermöglichen. Wenn wir nun sehen, *wie viele* zukünftige Leben das einschließen könnte, kann das nur bedeuten, dass die Sicherstellung dieser Existenz eine humanitäre Pflicht von allerhöchster Dringlichkeit ist. Nichts kann auch nur annähernd so große Auswirkungen auf das Glück der Menschheit haben wie Handlungen, die die Weiterexistenz der Menschheit in der fernen Zukunft beeinflussen können.

Vertreter:innen des *Longtermism* glauben also: Die Frage, wie unser Handeln die Existenz zukünftiger Menschen in der fernen Zukunft beeinflusst, muss unser Hauptaugenmerk beanspruchen. Vor dem Hintergrund der gigantischen Zahl zukünftiger Existenzen, die in den kommenden Abermillionen Jahren möglich sind, ist alles andere moralisch nachrangig. Tatsächlich geben sie dieser Doktrin strenge und genaue Formulierungen. Ich wähle folgende Variante aus:

Longtermism

In typischen Entscheidungssituationen gilt: Ob eine Option moralisch zulässig ist, hängt nur davon ab, ob sie die Anzahl glücklicher menschlicher Leben in der fernen Zukunft so sehr erhöht wie möglich.

Die Rede von der „fernen" Zukunft lässt Deutungsspielräume. Greaves und MacAskill (2019), auf die diese Formulierung zurückgeht, schlagen z. B. 100 oder auch 1000 Jahre in der Zukunft vor.

Die zentrale Pointe dieser Doktrin ist vielleicht nicht gleich offensichtlich. Es geht hier nicht nur um den Gedanken, dass wir *auch* die Auswirkungen auf die ferne Zukunft mit bedenken sollten, wenn wir entscheiden. Das wäre ein wenig kontroverser Gedanke. Hier geht es um mehr: Auswirkungen auf die ferne Zukunft sind das primäre moralische Kriterium. Etwaige Unterschiede zwischen Handlungsoptionen, die die nähere Zukunft betreffen, sind nur selten relevant – nämlich höchstens dann, wenn diese Optionen sich hinsichtlich der fernen Zukunft genau gleichen.

Um was für Handlungen geht es dabei? Zu den Handlungen, bei denen am ehesten zu erwarten ist, dass sie optimale langfristige Konsequenzen haben, zählen Greaves und MacAskill zufolge vor allem Anstrengungen, Risiken für ein vorzeitiges Ende der Menschheit zu verringern – etwa durch Systeme der Asteroiden-Abwehr oder durch Mittel, zukünftige superintelligente KI-Systeme für uns Menschen sicher zu machen, ebenso natürlich durch Minderung der Effekte des Klimawandels und nicht zuletzt durch Förderung von Programmen zur Besiedelung des Weltraums.

Um diese praktischen Implikationen des *Longtermism* deutlicher zu erkennen, können wir Überlegungen eines wichtigen Impulsgebers zitieren. Der Philosoph Nick Bostrom argumentiert eindringlich dafür, dass das Ziel der Besiedelung anderer Sonnensysteme extrem hohe moralische Dringlichkeit hat. Er verwendet deutlich großzügigere Schätzungen als Greaves und MacAskill und kommt auf ihrer Basis zu folgender These: „Mit jedem Jahrhundert, um das sich die Besiedelung unseres lokalen Supergalaxienhaufens verzögert, geht ein Potenzial für ungefähr 10^{38} Menschenleben verloren." (Bostrom 2003, 309, Übers. T.H.). Im Lichte dieser Zahl kann die Besiedelung des Weltraums, die eigentlich in weiter zeitlicher Ferne liegt, schon heute wie eine brisante moralische Frage, ja sogar wie ein humanitärer Notfall wirken.

Also formuliert Bostrom schon 2003 eine frühe Version des Arguments für den *Longtermism:*

„Die technische Forschung (und ihre ermöglichenden Bedingungen, etwa das Wirtschaftswachstum) voranzutreiben, selbst in so geringem Maße, dass die Besiedelung des lokalen Supergalaxienhaufens auch nur eine Sekunde eher stattfindet, würde dazu führen, dass mehr als 10^{28} zusätzliche Menschenleben existieren. Wenige wohltätige Anliegen können einen utilitaristischen Ertrag dieser Größenordnung für sich beanspruchen." (Bostrom 2003, 310, Übers. T.H.)

Es sind also solche und ähnliche Handlungen, die dem *Longtermism* zufolge verpflichtend sind.

8.2 Ist der *Longtermism* wahr – oder eine weitere abstoßende Konsequenz?

Nun mag man sich mit dem Gedanken anfreunden, dass Ziele wie die Abwehr von Asteroiden, die Besiedelung des Weltraums etc. moralisch wichtiger sind, als wir bislang gedacht haben. Und es ist in der Tat ein wichtiges Thema für politische Debatten, ob solche Ziele nicht einen hohen Stellenwert haben sollten. Diese Ideen sind unkonventionell, aber deshalb nicht weniger relevant.

Der *Longtermism* wird oft in einer Weise präsentiert, die diese eher eingängige Form annimmt. Er wird dann z. B. formuliert als die These, dass die Beförderung der langfristigen Existenz möglichst vieler Menschen *eine* von unseren ethischen Prioritäten sein sollte. Doch es ist wichtig, zu betonen, dass die eigentliche Doktrin, wie sie oben formuliert wurde, stärker ist. Sie ist eben die These, dass die Menge der wählenswerten Optionen nur die umfasst, die dieses Ziel befördern.

Nun mag man sich fragen, ob die Theorie damit nicht einfach etwas überzogen formuliert wurde – ob also die eigentliche, überzeugendste Version des *Longtermism* nicht eine etwas schwächere Theorie sein sollte, die auch andere Belange gelten lässt. Aber mir scheint, dass Vertreter:innen wie Greaves und MacAskill oder Bostrom zwingende Gründe für ihre starke Version haben. *Wenn* es denn wirklich zu unseren Pflichten zählt, mehr Menschen zur Existenz zu verhelfen, dann ist in Anbetracht der immensen Zahlen tatsächlich schwierig zu sehen, wie diese Pflicht etwas anderes sein könnte als: absolut prioritär. Das Argument für den *Longtermism* funktioniert – wenn es denn wirklich funktioniert – zu gut, um die These danach abzuschwächen.

Wenn es also unser Ziel sein sollte, die Existenz von Menschen für möglichst lange Zeit zu sichern, so muss dieses Ziel alles andere in den Schatten stellen. Aber genau das ist schwer zu glauben. Man bedenke: Viele Menschen widersprechen schon der gegenwartsbezogenen Variante des Utilitarismus, weil er (so der Vorwurf) zu anspruchsvoll sei. Der utilitaristischen Doktrin zufolge müssen wir bekanntlich alles, was wir tun, jederzeit im Lichte der Beförderung des Gemeinwohls beurteilen. Jeder Euro, den Sie besitzen, und jede Sekunde Ihres Lebens muss darauf geprüft werden, wie es jenem moralischen Ziel effizient dient. Schon dies gilt vielen Leser:innen als inakzeptabel (obwohl ich selbst dieses Bedenken nicht zwingend finde, vgl. Henning 2019, 65).

Doch hier geht es nicht nur darum, dass wir unsere eigenen Interessen moralischen Zielen unterordnen müssen. Nein: Es geht darum, dass wir gerade auch die *moralischen* Ziele, die uns bisher als die wichtigsten erschienen, vollständig der Sorge um die ferne Zukunft unterordnen müssen.

Ich habe oben Beispiele für Handlungen genannt, die der *Longtermism* vermutlich als gefordert betrachten wird. Frappierend ist nun vor allem, was alles *nicht* zu dieser Auflistung gehört. Denken Sie mitunter darüber nach, für Hungernde in der Welt zu spenden oder sich für die Abschaffung der Massentierhaltung einzusetzen? Dann müssten Sie nach meiner Auffassung eigentlich als moralisch lobenswert gelten; zumindest Sie hätten vielen anderen Menschen etwas voraus. Doch dem *Longtermism* zufolge gilt etwas anderes: Dies sind nicht die richtigen Ziele. Sie verwenden Ressourcen auf die wenigen jetzt lebenden Lebewesen und vernachlässigen dabei die irrsinnige Zahl zukünftiger Lebewesen, deren Existenz von ihrer Mithilfe abhängt. Spenden Sie lieber für die wirklich wichtigen humanitären Anliegen – z. B. für sicherere Künstliche Intelligenz!

Gewiss, man muss hier Vorsicht walten lassen. Es ist ja nicht ausgeschlossen, dass auch Spenden gegen den heutigen Welthunger oder ein Engagement gegen die Massentierhaltung wichtige und positive Effekte für die ferne Zukunft haben. Es kann also durchaus sein, dass diese Aktivitäten indirekt doch zulässig sind. Vielleicht lassen sich sogar systematische Gründe finden, warum diese Ziele generell im Einklang mit den Vorstellungen des *Longtermism* stehen. Das kann sein. Allerdings: Sogar dann, wenn es so sein sollte, erscheint diese Begründung der Pflichten, aus der Sicht unserer jetzigen Moral, als abwegig und sogar anstößig. Sie sollten zwar vielleicht für hungernde Menschen spenden – aber nicht wegen dieser paar Menschen, sondern weil diese Hilfe den Menschen in der fernen Zukunft am meisten zugute kommt. Einfach *nur* etwas gegen den heutigen Hunger zu tun, ohne so ein Fernziel, ist moralisch unzulässig.

Diese Implikationen erscheinen mir als absurd. Das allein ist nun freilich noch kein zwingender Grund für eine Zurückweisung. Es gibt sehr viele Vorschläge in der normativen Ethik, die in einigen Hinsichten große moralische Überzeugungskraft haben, dafür aber an anderen Stellen drastisch von unseren Alltagsansichten abweichen und also als absurd erscheinen. Doch der *Longtermism* steht nicht nur *punktuell*, sondern an extrem vielen Stellen im Widerspruch zu unseren moralischen Überzeugungen. Und das betrifft nicht nur die Punkte, in denen ethische Theorien, die Pflichten der Wohltätigkeit sehr stark machen (wie der Utilitarismus), ohnehin von unserer Alltagsmoral abweichen. Sondern es betrifft gerade auch die Punkte, auf die solche Theorien wie der Utilitarismus uns verdienstvoller Weise unermüdlich hingewiesen haben: Pflichten gegenüber armen und hungernden Mitmenschen überall, Pflichten gegenüber Tieren etc. Bevor wir akzeptieren, dass alle diese Belange nachrangig sind, verdient eher der *Lontermism* unsere Skepsis. Das gilt zumindest, bis wir geprüft haben, ob wir den Argumenten für den *Longtermism* nicht doch leichter widersprechen können als der Gesamtheit dessen, was wir über Moral denken.

Mir scheint, dass das schwächste Glied in diesen Argumenten recht deutlich zu identifizieren ist: Wir sollten am Gedanken der Personen-Betroffenheit in der Populationsethik festhalten. Wir sollten also akzeptieren, dass wir nicht moralisch verpflichtet sind, weiteren Menschen zur Existenz zu verhelfen, damit sie ein glückliches Leben haben können. Sicher, dieser Gedanke gerät durch das Nichtidentitätsproblem und die Paradoxie der bloßen Addition unter Druck. Doch bevor wir die radikalen Konsequenzen des *Longtermism* akzeptieren, sollten wir diese anderen Fragen erneut unter die Lupe nehmen. Vorderhand sollte uns der *Longtermism* als eine weitere absurde und, ja, abstoßende Konklusion gelten, auf die uns Annahmen in der Populationsethik führen können.

9

Existenz, Rechtfertigung und Risiko – ein anderer Ansatz

Wir haben uns ein ums andere Mal in theoretischen Sackgassen wiedergefunden. Gibt es wirklich keine Aussicht auf eine bessere Theorie? Die bisherige Diskussion zeigt jedenfalls, dass es dafür neue Ideen braucht. Speziell die Unmöglichkeitsresultate von Arrhenius (erwähnt in Kap. 6 oben) machen klar, dass eine Theorie in dem Format, das wir bisher unterstellt haben, unzulänglich bleiben muss. Vielleicht müssen wir an Fragen der Populationsethik also ganz anders herangehen?

Im Rest dieses Buches möchte ich andeuten, wie eine bessere Herangehensweise aussehen könnte. Dieses Kapitel präsentiert dazu zwei Ideen, die zusammengenommen attraktive Lösungen unserer Probleme ergeben könnten. Dabei kann es sich natürlich nicht um die sogenannte „Theorie X" aus Kap. 6 handeln. Wie wir dort gesehen haben, gibt es keine Theorie des Werts zukünftiger

© Der/die Autor(en), exklusiv lizenziert an Springer-Verlag GmbH, DE, ein Teil von Springer Nature 2022
T. Henning, *Die Zukunft der Menschheit – soll es uns weiter geben?*, #philosophieorientiert, https://doi.org/10.1007/978-3-662-65536-8_9

Populationsszenarien, die allen unsere vortheoretischen Annahmen gerecht wird. Aber ich glaube, dass meine Ideen eine Sichtweise ergeben, die auch ohne eine umfassende Werttheorie die richtigen Implikationen für unser Handeln hat. Ich charakterisiere diese beiden Ideen vorab in Kurzform.

Erste Idee: Wir haben der Wohlfahrt zukünftiger Menschen bisher eine allzu direkte Rolle gegeben. Wie gut oder schlecht es zukünftigen Individuen geht, ist selbstverständlich von Interesse. Aber die moralische Relevanz solcher Tatsachen über Wohlfahrt ist *indirekter* Natur. Sie sind deshalb von Bedeutung, weil sie beeinflussen, wofür wir uns Anderen gegenüber *rechtfertigen* können und müssen. Moralisch primär sind solche Beziehungen der Rechtfertigung und Rechtfertigbarkeit.

Dieser Auffassung zufolge sollten wir zukünftige Menschen nicht als passive Empfänger von Gütern und Übeln verstehen. Wir sollten sie als gleichberechtigt in unser Überlegen einbeziehen – sozusagen als Diskussionspartner, mit denen wir uns einig werden und denen wir Rede und Antwort stehen müssen. Aus dieser Perspektive, so glaube ich, werden Pflichten gegenüber zukünftigen Menschen besser verständlich. Insbesondere erklärt sie die eigentümliche Asymmetrie, die wir in Kap. 2 und 3 besprochen haben, in sehr eleganter Weise.

Zweite Idee: Unsere Diskussion, und Debatten in der Populationsethik generell, nehmen Unsicherheit und Risiko nicht ernst genug. Viele unserer intuitiven Urteile, etwa über das Nichtidentitätsproblem, werden erst einsichtig, wenn wir den Faktor Risiko mitberücksichtigen.

9.1   Erste Idee: Wo kein Kläger…

In seiner letzten Arbeit (Parfit 2017, 136 f.) diskutiert Parfit eine These, die er den *No Complainants Claim* nennt. Diese These hat es damit zu tun, wer sich berechtigt über bestimmte Handlungen beschweren kann. Diese These bietet eine Erklärung für die Asymmetrie. Ich gebe ihr diese Form:

Wo-kein-Kläger-Prinzip

X ist nur dann ein moralischer Grund gegen (bzw. für) eine Handlung, wenn es jemanden gibt, für den X ein Grund wäre, sich über diese Handlung (bzw. ihre Unterlassung) zu beklagen.

Ich ergänze diese Definition: Es sprechen insgesamt entscheidende moralischen Gründe gegen eine Handlung, wenn jemand Gründe hat, sich über diese Handlung zu beklagen, die stärker sind als die Gründe, die er:sie *oder sonst irgendjemand hat,* sich über die Alternativen zu beklagen. Moralisch richtig ist eine Handlung umgekehrt, wenn wir uns gemeinsam begründet auf sie einigen können.

Dieses Prinzip drückt einen Gedanken aus, der plausibel ist und in der aktuellen Philosophie oft vertreten wird: Moralische Verpflichtungen resultieren daraus, dass wir Anderen Rechtfertigung für unser Tun schulden. Einige Theoretiker:innen sehen darin sogar geradezu den Kern der zwischenmenschlichen Moral: Unsere spezifisch moralische Beziehung zueinander besteht darin, dass wir Rechtfertigungen voneinander einfordern dürfen.

Weil diese Beziehung wichtig ist, müssen wir in unserem Tun jederzeit sicherstellen, dass wir das Gewicht unserer Gründe und Ziele nicht überbewerten, und dass wir die Gleichrangigkeit der Ziele und Gründe aller Anderen mit einberechnen. Wenn wir dies tun, behandeln wir diese Anderen als ebenbürtig und gleichberechtigt. Wir beziehen sie ein in eine Gemeinschaft, in der ein wechselseitiges Recht auf Rechtfertigung gilt.

Es gibt verschiedene moralphilosophische Theorien, die auf diesem Gedanken beruhen. Eine, die mich besonders überzeugt, ist der sog. *Kontraktualismus* des Philosophen Thomas M. Scanlon (Scanlon 1998). Um diese Theorie zu verstehen, nehmen wir ein weiteres Mal diesen Fall:

Nachbar in Not	
	NACHBAR
S1	glücklich
S2	Verlust des Beins

Angenommen, wir versäumen es, unserem Nachbarn zu helfen. Dieses Versäumnis wäre sicher falsch. Aber warum? Eine utilitaristische Auffassung sagt: Weil es dem Nachbarn nun schlechter geht und damit weniger Glück in der Welt herrscht. Der Kontraktualismus hingegen sagt Folgendes: In der Tat ist das Leid des Nachbarn wichtig. Aber es ist nicht einfach nur ein bedauerliches Übel. Vor allem ist es ein guter Grund für unseren Nachbarn, Einwände gegen unser Tun zu erheben – Einwände, auf die wir keine Erwiderung hätten. Wenn wir also nicht helfen, missachten wir das Recht des Nachbarn auf Rechtfertigung. Das wäre nicht nur eine Schädigung, sondern eine Missachtung unseres Nachbarn. Wir handeln so, als seien wir ihm gegenüber nicht rechenschaftspflichtig – so, als zähle er überhaupt nicht zum Kreis derjenigen, die einen Anspruch auf Rechtfertigung haben.

Wir müssen dieser Sichtweise zufolge also nicht einfach nur die Schäden und den Nutzen kalkulieren, die aus unserem Tun resultieren. Sondern wir müssen avor alleman diejenigen denken, denen wir damit einen berechtigen Einwand gegen unser Tun geben könnten. Der Schaden, den wir einer Person verursachen, zählt, *weil* diese Person und ihre Text zählen. Erst der Gedanke an eine Rechtfertigungsgemeinschaft führt uns in denjenigen Bereich, der genuin moralisch ist.

Aber an wen müssen wir denken? Wessen Einwände zählen? Ähnlich wie Scanlon (1998, 186) möchte ich eine sehr inklusive Auffassung vorschlagen: Es zählen die potenziellen Einwände all derer, die jetzt existieren und jemals existiert haben, *und* es zählen die Einwände all derer, die in Zukunft zur Existenz gelangen *werden, wenn* wir die Handlung vollziehen, die wir gerade beurteilen. Wir berücksichtigen alle Menschen in der Vergangenheit, der Gegenwart, und in der Zukunft − allerdings, und das ist die einzige Einschränkung, in der Zukunft *dieser* Handlung. Dazu gleich mehr.

Auch sonst sollten wir den Kreis derer, denen wir Rechtfertigung schulden, meiner Ansicht nach als sehr weit betrachten. Zum einen gibt es ja Menschen, denen gegenüber wir uns nicht wirklich rechtfertigen *könnten* − Menschen mit schweren Beeinträchtigungen oder Kleinkinder. Auch hier, so glaube ich (wie Scanlon), ergibt die Idee der Rechtfertigung dennoch guten Sinn. Wir können uns ja ohne weiteres vorstellen, dass sich ein:e Fürsprecher:in findet, die sich für die Belange dieser Menschen stark macht und an den:die wir unsere Rechtfertigungsversuche richten können. Anders als Scanlon glaube ich, dass diese Idee auch für den Fall nicht-menschlicher Tiere sehr sinnvoll ist. Also: Wenn sich jemand sinnvoller Weise zum:zur Fürsprecher:in eines Wesens und seiner Interesse machen könnte (und egal, ob es wirklich jemand *tut*), dann zählt dieses Wesen zum Kreis derer, denen wir im Prinzip Rechtfertigung schulden und die Ansprüche an uns haben.

Diese allgemeine Moraltheorie lässt sich auf die Populationsethik anwenden. Schon Parfit hat, wie gesagt, erkannt, dass dies eine interessante Perspektive ergibt. Einige jüngere Autor:innen, ich denke etwa an Joe Horton (Horton 2021) und Abelard Podgorski (Podgorski 2021), haben eine solche kontraktualistische Perspektive auf die Populationsethik ausgearbeitet und in erhellender Weise auf viele, oft sehr komplexe Fälle angewendet. Ich stelle hier nur den Grundgedanken und einen seiner Hauptvorteile vor, empfehle aber allen Leser:innen die beiden just genannten Arbeiten.

Speziell ergibt der Kontraktualismus eine Erklärung der Asymmetrie. Betrachten wir Alberta:

Der gute Fall	
	ALBERTA
S1	glücklich
S2	---

Wenn wir Alberta zeugen, wird ihr ein existenzielles Gut zuteil. Doch das Urteil *Die Asymmetrie I* besagt, dass das nicht bedeutet, dass die Zeugung moralisch gefordert ist. Die Frage war: Warum?

Die Antwort, die das kontraktualistische Wo-kein-Kläger-Prinzip gibt, lautet: Das existenzielle Gut des Lebens ist deshalb kein moralischer Grund, Alberta zu zeugen, weil Alberta sich nicht berechtigt beklagen könnte, wenn sie es nicht erlangt. Warum könnte sie das nicht? Nun, weil es sie, wenn wir sie nicht zeugen, eben nicht gibt. Das macht die Tabelle verständlich: Das Zeichen „---" zeigt ja nicht nur an, dass es kein spezielles Wohlfahrtsniveau gibt, das wir Alberta zuschreiben und als Vergleich heranziehen können. Es zeigt auch, dass es in diesem Szenario die Person Alberta nicht gibt – und also keinen Kläger. Bedeutet das, dass bloß mögliche zukünftige Personen generell im moralischen Denken ignoriert werden dürfen? Und wäre das nicht auch eine Art moralischer Missachtung? Nein. Auch die möglichen Einwände möglicher Personen zählen. Das erkennen wir, wenn wir Belinda im komplementären *Der schlechte Fall* mit in Betracht ziehen:

Der schlechte Fall	
	BELINDA
S1	extrem unglücklich
S2	---

Das existenzielle Übel, das mit Belindas Zeugung einhergeht, ist unserem Ansatz zufolge sehr wohl ein Grund, sie nicht zu zeugen. Denn wenn wir es täten, würde sie leben, und ihr Leid würde ihr berechtigte Einwände geben. Das heißt: Alle Personen, die in einem Szenario existieren würden, können berechtigte Beschwerden gegen Handlungen haben, die *dieses* Szenario zum Resultat haben. Das gilt auch dann, wenn wir diese Handlungen noch nicht vollzogen haben (und vielleicht nie vollziehen werden.) Die einzige Einschränkung, die gilt, ist von rein *logischer* Art: Personen, die in einem Szenario nicht existieren, können *in diesem fraglichen Szenario* auch keine Beschwerden haben.

In Kurzform: Belinda könnte sich berechtigt beklagen, wenn wir sie zeugten. Und das ist relevant. Aber es ist ausgeschlossen, dass Alberta sich beklagen könnte, wenn wir sie nicht zeugen.

Hier drängen sich vielleicht Nachfragen auf: Könnte man es dann nicht auch rechtfertigen, eine Person zu *töten*? Immerhin ist sie dann ja nachher auch nicht da, um sich zu beklagen! Aber so ist das Prinzip nicht zu verstehen. Die relevante Frage ist nicht, ob jemand *nach* der fraglichen Handlung noch existiert. Eine Person, die wir töten würden, existiert zwar nachher nicht mehr, aber jetzt. Und daher gibt es sie, und es gibt einen Zeitpunkt, an dem sie sich beklagen kann – eben jetzt. Der Unterschied bei Alberta ist: Wenn wir sie nicht zeugen, existiert sie *überhaupt* nicht. Daher ergibt die Vorstellung, „sie" beklage sich, keinen Sinn, denn so jemanden wie „sie" gibt es gar nicht.

Könnte man es denn aber nicht mit dem Schachzug versuchen, mit dessen Hilfe wir z. B. Kleinkinder und andere Wesen in den erlauchten Kreis der Träger moralischer Ansprüche integriert haben? Können wir uns nicht sinnvoll eine:n Fürsprecher:in für Alberta denken – jemanden also, der:die sich im Namen Albertas darüber beklagt, dass Alberta nicht gezeugt wird? Nein, das können wir nicht. Wenn wir kein Kind zeugen, dann gibt es da niemanden, für dessen Interessen man sich stark machen könnte. (Wir müssen uns vor der Versuchung hüten, Alberta doch eine Art schattenhafter Halbexistenz als „nichtgezeugtes Kind" zuzuschreiben.) Ein:e Fürsprecher:in wäre im strengsten Sinne *niemandes* Fürsprecher:in – also *gar kein:e* Fürsprecher:in.

Es ist also der Gedanke der Rechenschaftspflicht oder der Rechtfertigung, dem eine Asymmetrie sozusagen eingebaut ist. Es kann nicht sein, dass jemand sich berechtigt darüber beschwert, dass wir ihn:sie nicht zeugen. Deshalb gibt uns das Glück in einer möglichen zukünftigen Existenz niemals einen moralischen Grund, sie zu verwirklichen. Es kann hingegen sehr wohl sein, dass jemand sich berechtigt darüber beschwert, dass wir ihn:sie gezeugt haben. Deshalb sind die Übel in einer möglichen Existenz sehr wohl Gründe, sie nicht zu verwirklichen.

In dieser Weise erhalten wir, auf der Basis einer kontraktualistischen Ethik, unmittelbar das Asymmetrische Prinzip (s. Kap. 4 oben), für das wir bisher keine Begründung hatten. Zugleich können wir erklären, was bislang rätselhaft geblieben war. Das Rätsel lautete ja, warum die Güter in einer möglichen Existenz zwar keine Gründe *für* eine Zeugung sind, aber trotzdem die Übel in einer zukünftigen Existenz sollen *aufwiegen* oder *wettmachen* können. Die Lösung lautet: Wenn wir vorhersehen, dass es Gutes in der Existenz einer möglichen Person geben würde, so hat dies sehr wohl einen Einfluss darauf, ob diese Person sich, wenn sie gezeugt wird, berechtigt beklagen kann. Wenn es also um ihre möglichen Einsprüche gegen unser Handeln geht, dann muss selbstverständlich beides in die Waagschale fallen, die Güter und die Übel. Und wenn die Güter die Übel überwiegen (das Leben also ein existenzielles Gut wäre), so dürfen wir davon ausgehen, dass die Person keinen berechtigten Einspruch haben würde, wenn wir sie zeugen würden. Güter in einer zukünftigen Existenz können also gegen Übel abgewogen werden und sie ‚neutralisieren‘.

Gleichzeitig bleibt es dabei, dass diese Güter *nicht* die weitere Rolle von positiven moralischen Gründen für eine Zeugung spielen. Das liegt eben an jener Asymmetrie, die – wie gesagt – der Idee der Rechtfertigung eingebaut ist. Egal, wie gut das zukünftige Leben einer Person wäre – diese Güter *können* keine Gründe für diese Person sein, sich zu beschweren, wenn wir sie *nicht* zeugen.

Das bedeutet schließlich auch: Der gegenwärtige Vorschlag zwingt uns nicht, den Anti-Natalismus zu akzeptieren. Dieser Anti-Natalismus (zumindest in der Version von Benatar 2006) beruhte ja auf dem Argument, dass die Güter im Leben zukünftiger Personen die Übel nicht aufwiegen können, wenn sie nicht gleichzeitig auch gute Gründe für eine Zeugung sein sollen. Wir haben nun gute Gründe gefunden, dieses Argument für den Anti-Natalismus zurückzuweisen.

9.2 Zweite Idee: Existieren ist nichts für Feiglinge

Das kontraktualistische Wo-kein-Kläger-Prinzip kann also die Asymmetrie erklären. Allerdings gibt es ohne weiteres keine vollständig befriedigende Antwort auf das Nicht-identitätsproblem. Tatsächlich legen die oben angeführten Autoren (Horton 2021, Podgorski 2021) nahe, dass wir hinsichtlich des Nichtidentitätsproblems womöglich in den sprichwörtlichen sauren Apfel beißen müssen. Vielleicht ist wirklich nichts falsch daran, wenn wir die weniger glückliche Nora zeugen?

Meine Ansicht dazu lautet: Wenn wir in die Zukunft reisen und uns versichern könnten, dass es Nora tatsächlich gut geht – nun, dann wäre es in der Tat zulässig, sie zu zeugen. In diesem Sinne stimme ich den genannten Autoren zu. Allerdings gibt es in allen *wirklichen* Fällen dieser Art einen entscheidenden Unterschied: Wir können nicht in die Zukunft reisen, und wir können zum Zeitpunkt der Entscheidung nicht definitiv wissen, wie es Nora ergehen würde. Dies ist ein Faktor, den wir in der Präsentation des Nichtidentitätsproblems bisher bewusst ausgeklammert haben. Wir haben explizit festgelegt, wie gut es Nora und Nils (oder den zukünftigen Populationen im Beispiel der Klimapolitik) *definitiv* ergehen würde. Solche Annahmen sind nicht immer und nicht *per se* problematisch. Aber in diesem Falle, so glaube ich, verstellen sie den Blick auf den Faktor, der für unsere moralischen Urteile entscheidend ist. Wir müssen, wie gesagt, *Unsicherheit* ernster nehmen.

Also: Wir haben bisher unterstellt, dass das Leben bestimmter zukünftiger Individuen definitiv eine bestimmte Qualität haben wird. Das war eine Vereinfachung. Wir können zwar oft mit großer Sicherheit vorhersagen, dass Menschen unter bestimmten Bedingungen leben werden – z. B. in einer aufgeheizten Welt oder mit einer schweren Erbkrankheit. Was diese Bedingungen aber genau für ihre Gesamtwohlfahrt bedeuten, wird in allen realistischen Fällen unsicher sein. Wir müssen also mit Prognosen operieren, die mehr oder minder wahrscheinlich, aber nie gewiss sind.

Wir können uns deshalb nicht damit zufriedengeben, nur definitive Szenarien vergleichend zu bewerten. Wir müssen auch positive und negative Prognosen, Chancen und Risiken, abwägen.

Wenn wir uns unsicheren Fällen zuwenden, bemerken wir eine weitere Asymmetrie.

Beispiel: Der unsichere Fall

Wir könnten ein Kind zeugen – Emily. Wir wissen: Ein allmächtiges Wesen hat durch einen Münzwurf darüber entschieden, ob Emily, wenn sie gezeugt wird, so leben würde wie Alberta, das glückliche Kind, oder ob sie so leben würde wie Belinda, das extrem unglückliche Kind. Niemand sonst hätte besondere Vor- oder Nachteile durch Emilys Existenz oder Nichtexistenz.

Was ist über *Der unsichere Fall* zu sagen (abgesehen davon, dass es ein vollständig abwegiges Beispiel ist)? Mir scheint, dass das Urteil eindeutig sein sollte. In *Der gute Fall* haben wir geurteilt, dass wir keinen moralischen Grund für eine Zeugung haben. In *Der schlechte Fall* hingegen haben wir geurteilt, dass wir gute moralische Gründe gegen eine Zeugung haben. Das jetzige Beispiel ist einfach eine Kombination dieser Fälle. Es ist sozusagen eine probabilistische Mischung aus einem Fall, in dem wir *keinen* Grund *für* eine Zeugung haben, und einem Fall, in dem wir sogar Gründe *dagegen* haben. Das Resultat muss wohl lauten: Wir sollten auch hier gegen eine Zeugung sein. Nicht zu zeugen ist in keinem Falle falsch, zu zeugen hingegen unter Umständen sehr falsch. (In der Entscheidungstheorie sagt man: Die Option, nicht zu zeugen, ist die schwach dominante Strategie.)

Also: Das *Risiko*, dass ein zukünftiges Leben ein existenzielles Übel ist, ist ein Grund gegen die Zeugung; die *Chance*, ein Leben zeugen, das ein existenzielles Gut wäre, ist keine Rechtfertigung.

Wir gelangen so zu einer Sichtweise, die mindestens auf den ersten Blick sehr pessimistisch daherkommt. Und es geht noch weiter: Für unsere Überlegungen hat ja das *Ausmaß* des Risikos keine Rolle gespielt! Das Argument wäre das gleiche gewesen, wenn wir nicht von einer Münze gesprochen hätten (die ja etwa ein 50:50 Risiko ergeben würde). Stattdessen hätten wir auch sagen können: Das Wesen würfelt und Emily leidet nur dann wie Belinda, wenn eine 6 gewürfelt wird (oder sogar: nur wenn ein bestimmtes von insgesamt 1000 Losen gezogen wird usw.) In jedem Fall gilt: Bestenfalls haben wir keinen moralischen Grund für die Zeugung, und im schlechten Fall, wie unwahrscheinlich er auch immer sein mag, sogar einen moralischen Grund dagegen.

Jedes Risiko eines schrecklichen Lebens wäre demnach ein Grund gegen eine Zeugung. Und die positiven Aussichten für das Kind spielen generell nicht die Rolle von gegenläufigen Gründen. Das ergibt eine Sichtweise, die auf den ersten Blick dem Anti-Natalismus ähnelt (dazu später mehr).

Auch unser kontraktualistischer Ansatz wird diese unerwarteten Urteile und Befunde bestätigen. Wir können zunächst einmal festhalten, dass das Risiko eines schlimmen Lebens einem Kind durchaus einen guten Grund geben kann, sich zu beschweren. Nehmen wir dieses Beispiel:

Beispiel: Der fahrlässige Fall

Wir könnten ein Kind zeugen. Wir müssen nach dem Urteil unserer Ärzte mit sehr hoher Wahrscheinlichkeit davon ausgehen, dass dieses Kind ein qualvolles und kurzes Leben hätte. Niemand sonst hätte besondere Vor- oder Nachteile durch die Existenz oder Nichtexistenz dieses Kindes. Wir zeugen dieses Kind – und wie durch ein Wunder geht es ihm gut.

Man:frau wird nun kaum sagen können, dass wir einwandfrei gehandelt haben. Vielmehr verdienen wir moralische Vorwürfe, weil wir davon ausgehen mussten, ein sehr schlimmes Leben zu kreieren.

Mir scheint nun: Sogar *unser Kind* dürfte uns solche Vorwürfe machen, wenn es erfährt, dass wir damit rechnen mussten, ihm ein qualvolles Leben zu schenken. Natürlich haftet solchen Vorwürfen etwas Seltsames an. (Es gibt in der rechtswissenschaftlichen und philosophischen Literatur interessante Debatten zu Fällen von „Leben als Schaden" oder, im anglophonen Raum, „wrongful life." Vgl. Picker 1985 und Feinberg 1988.) Kann man sich wirklich beklagen über ein Leben, das es letztlich doch gut mit einem meint?

Diese Vorwürfe werden verständlicher, wenn wir bedenken, dass wir es mit Fällen von Risiko zu tun haben. Denn für Risiken ist die Frage der Rechtfertigung durchaus komplex. Speziell müssen wir in der Beurteilung riskanter Entscheidungen eine Vorher- und eine Nachher-Perspektive unterscheiden; man spricht terminologisch auch von der *Ex-ante-* und der *Ex-post*-Perspektive. In Risiko-Fällen kann es sein, dass das Endresultat (*ex post*) nicht mit dem übereinstimmt, was in der Voraussicht (*ex ante*) zu erwarten war. Und unser Urteil über die Rechtfertigung einer riskanten Handlung orientiert sich oft an dieser letzteren Perspektive. Deshalb ist es durchaus möglich, dass wir uns über ein Risiko beklagen können, das uns doch verschont und sogar bereichert hat. (Stellen Sie sich vor, ich werfe Goldbarren aus einem Flugzeug ab. Einer davon verfehlt sie nur knapp. Sie wären fast gestorben, sind nun aber reich. Hier können sie zugleich froh sein *und* mich kritisieren.)

Ich schlage deswegen folgendes Prinzip vor:

Risiko-Asymmetrie

Wenn mit der Zeugung eines Kindes ein Risiko eines existenziellen Übels für dieses Kind einhergeht, so wäre dies ein Grund für das Kind, sich über die Zeugung zu beschweren.

Wenn mit der Zeugung eines Kindes eine Chance eines existenziellen Gutes für dieses Kind einhergeht, so wäre dies kein Grund für das Kind, sich über die Nicht-Zeugung zu beschweren.

Die zweite Klausel dürfte sich mittlerweile von selbst verstehen – der Idee einer berechtigten Beschwerde, oder einer Rechtfertigung etc., ist eben eine fundamentale Asymmetrie eingebaut (s. o.). Heißt das im Endeffekt, dass wir immer falsch handeln, wenn wir jemanden zeugen? Wie gesagt, ein *gewisses* Risiko lässt sich nie ausschließen. Sind wir also zurück beim Anti-Natalismus?

Hier ist eine Menge Vorsicht geboten. Erstens: Es ist in der Tat eine Implikation unserer Überlegungen, dass es im Interesse des zukünftigen Kindes zunächst ein *gewisses* Übergewicht der Gründe gegen eine Zeugung gibt. Dieser Gedanke ist zunächst befremdlich. Denken wir uns unser Leben nicht meist als ein Geschenk? Natürlich tun wir das. Aber wir haben auch Glück gehabt. Oder, falls das zu pessimistisch klingt: Wir haben zumindest *kein Pech* gehabt, jedenfalls kein großes.

Wir vergessen leicht, dass es eine Menge Anstrengung unserer Eltern erfordert hat, uns am Leben und bei Laune zu halten und uns für ein glückliches Leben tauglich zu machen. Und wir vergessen auch, welche Rolle ein günstiger Verlauf der Dinge hatte – und wie leicht ein anderer Verlauf hätte dazu führen können, dass unser Leben alles andere als ein Geschenk gewesen wäre.

Der Philosoph David Velleman findet eine drastische Analogie (Velleman 2008, 251): Jemanden zu zeugen ist so, als würde man eine:n Nichtschwimmer:in in einen Pool werfen. Auch dann, wenn wir recht sicher sind, dieser Person bald das Schwimmen und sogar die Freude am Schwimmen vermitteln zu können – es bleibt riskant und sogar eine gewisse Anmaßung. Ganz besonders gilt dies, wenn – wie bei der Zeugung – keine Frustration droht, wenn wir der Person dies nicht zumuten. (Es ist ja, um im Bild zu bleiben, nicht so, als müsste die Person dann ohne die Freuden des Schwimmens leben.) Ähnlich schreibt die Philosophin Seana Shiffrin, dass der Wert der Existenz für zukünftige Menschen mindestens „zwiespältig" ist (vgl. Shiffrin 1999, 136 f.).

Das heißt: Die Idee, dass die Zeugung auch eine Zumutung und ein Risiko für das Kind ist, mag ungewohnt sein, aber sie ist sicher nicht abwegig. Tatsächlich ist in der Geschichte sogar oft eine noch pessimistischere Sicht vertreten worden. Verschiedene religiöse Traditionen, etwa die jüdisch-christlich-muslimische oder auch die buddhistische, sehen in der irdischen Existenz des Menschen vor allem Leid und Mühsal. Auch Philosoph:innen von Schopenhauer bis Sartre und Camus hätten die Idee, das Leben sei ein Geschenk, als eine völlig naive Selbsttäuschung abgetan.

Nun ein zweiter Punkt: Wir haben *nicht* gesagt, dass die Beschwerde, die ein Kind aufgrund des besagten Risikos hat, in jedem Falle *großes* Gewicht hat – geschweige denn das größte. Nicht nur das Kind hat ja relevante Interessen. Auch Eltern haben Interessen – sie wünschen sich z. B. ein Kind. Und ganz allgemein gibt es ein Interesse einer alternden Gesellschaft an Nachwuchs. Nach allem, was wir gesagt haben, kann es ohne weiteres gut möglich sein, dass solche Interessen dafür sorgen, dass die Gründe des Kindes für eine Beschwerde nicht am schwersten wiegen. Wir können also zulassen, dass viele der alltäglichen Fälle, in denen neue Menschen gezeugt werden, moralisch vollkommen einwandfrei sind. (Insbesondere gilt dies in der privilegierten sozialen und historischen Nische, in der sich der Autor und die Leser:innen dieses Buches befinden. Hier ist das Risiko eines üblen Lebens in der Tat geringer, als es das im Großteil der Geschichte gewesen ist.)

Denken wir hingegen an die Formulierung des Anti-Natalismus zurück, stellen wir fest, dass hier ein wichtiger Unterschied liegt. Der anti-natalistischen Argumentation zufolge sind alle gewöhnlichen Fälle der Zeugung neuen menschlichen Lebens moralisch unzulässig. Schon die allergeringsten Übel (wie ein eingerissener Fingernagel) zählen ja gegen eine Zeugung. Und in ihrer Summe werden diese Übel ein „Gesamtleid" ergeben, das sich schwerlich durch Interessen Dritter (etwa die Freude der Eltern an ihrem Kind) wird aufwiegen lassen. Meinem Vorschlag zufolge zählen all diese Alltagsleiden also solche nicht automatisch gegen eine Zeugung – sondern nur das Risiko, dass das Leben insgesamt ein Übel ist. Und dieses Risiko kann ohne weiteres so gering ausfallen, dass es von anderen Gründen überwogen wird. Die Position, die wir hier entwickelt haben, ist also nicht *per se* anti-natalistisch. Allerdings: Viel hängt davon ab, wie gut eigentlich die rechtfertigenden Gründe für die Zeugung neuer Menschen sind. Haben wir Gründe, die so gut sind, dass sie die Risiken der Existenz aufwiegen? Diese Frage wird in Kap. 10 (s. u.) diskutiert.

9.3 Eine Lösung für das Nichtidentitätsproblem

Fassen wir den Ansatz, den dieses Kapitel bisher vorgestellt hat, kurz zusammen: Zukünftigen Menschen zur Existenz zu verhelfen ist ein nicht unproblematischer Akt. Das liegt an einer moralischen Asymmetrie. Einerseits sind die Risiken einer unglücklichen Existenz Gründe gegen eine Zeugung, da sie dem zukünftigen Menschen Gründe geben, sich zu beklagen. Andererseits sind die (wenn auch beträchtlichen) Chancen auf zukünftiges Glück keine moralischen Gründe für eine Zeugung, denn sie können dem zukünftigen Menschen keinen Grund geben, sich zu beklagen, wenn er:sie nicht gezeugt wird. Die Rechtfertigung für eine Zeugung muss anderswoher kommen.

Diese Kombination von Ideen erlaubt uns eine Lösung für das Nichtidentitätsproblem. Wir erinnern uns kurz an das Beispiel: Wir können entweder jetzt ein Kind (Nora) zeugen, das an einer schmerzhaften chronischen Krankheit leiden würde und dessen Leben voraussichtlich gut, aber eingeschränkt und schwierig wäre; oder wir könnten drei Monate warten und ein Kind (Nils) zeugen, das vollständig gesund und daher voraussichtlich unbeschwert und glücklich wäre. Die Frage war: Wieso sollte es eigentlich geboten sein, zu warten und das glückliche Kind zu zeugen?

Ich entwickle die Antwort schrittweise. Ein *erster Schritt* besteht darin, die Wichtigkeit des Wörtchens

„voraussichtlich" in meiner Beschreibung des Falles hervorzuheben. Wie gesagt: Wir wissen eben nie sicher, wie es den Kindern ergehen wird. Und Nachteile wie der, den Nora zu erdulden hat, werden nicht nur ihre Lebensqualität verringern. *Ex ante* erhöht z. B. eine Krankheit oder ein chronischer Schmerz auch das Risiko, dass das Leben sogar ein existentielles Übel ist.

Chronischer Schmerz ist dabei nicht nur intrinsisch (für sich genommen) schlecht. Er kann auch anderen Dingen (wertvollen Beziehungen, dem Meistern von Herausforderungen) im Wege stehen. Er kann weniger belastbar machen, reizbar, unkonzentriert. Und er kann dazu führen, dass wir irgendwann die Waffen strecken und die Herausforderungen des Lebens nicht mehr angehen (vgl. z. B. Tang, Beckwith and Ashworth 2016). Ähnliches gilt auch für andere Beschwerden, die nicht den Charakter von Schmerz haben. So gibt es z. B. einer schwedischen Studie zufolge unter weiblichen Patienten mit schwerem Tinnitus ein erhöhtes Suizidrisiko (Lugo, Trpchevska and Liu X. et al. 2019).

Dergleichen gilt für viele der Bedingungen, mit denen sich das Nichtidentitätsproblem formulieren lässt. Meine These wäre: In allen überzeugenden Fällen von Nichtidentitätsproblemen sind die Bedingungen für das benachteiligte Kind so beschaffen, dass sie nicht nur Lebensqualität schmälern, sondern außerdem *ex ante* ein höheres Risiko eines Lebens bedeuten, das ein Übel ist.

	NORA	NILS
ZEUGUNG JETZT	erhöhtes Risiko eines existenziellen Übels	---
ZEUGUNG IN 3 MON	---	normales Risiko eines existenziellen Übels

Für den Fall von Nora erweist sich deswegen dies als die richtige Darstellung des Problems:

Anders als die obigen Tabellen zu *Jetzt oder Später* ist dies eine Tabelle, die Unsicherheit und Risiken berücksichtigt. Erst damit wird der entscheidende Punkt erfasst – das Risiko eines schlimmen Lebens. Wir haben bereits festgestellt, dass solche Risiken für Nora und Nils Gründe sein können, gegen ihre Zeugung Einspruch zu erheben. Und wir erkennen: Nora hat eben stärkere Einwände.

Mit dieser Erklärung ist das Problem fast gelöst. Es fehlt nur noch ein *zweiter Schritt*. Wir müssen noch kurz betrachten, welche Risiken uns eigentlich berechtigte Einwände geben und wieso. Speziell müssen wir uns fragen: Wenn wir einer Person ein Risiko zumuten, können wir dies dadurch rechtfertigen, dass dieses Risiko letztlich dieser Person selbst zugutekommen wird? Muss sie dieses Risiko also in ihrem eigenen Interesse tragen – oder doch für die Interessen Dritter?

Es ist klar zu sehen, dass dies einen wichtigen Unterschied macht. Zwei Beispiele dazu:

Beispiel: Zwei Operationen I

Petra und Claudia benötigen beide eine Operation, um gesund zu bleiben. Wir können leider nur eine von ihnen operieren. Für Petra wäre die Operation mit einem etwas höheren Risiko verbunden, vorzeitig zu sterben.

Beispiel: Zwei Operationen II

Klaus benötigt eine Spenderniere. Petra und Claudia kommen als Spenderinnen in Frage. Für Petra wäre die Operation mit einem etwas höheren Risiko verbunden, vorzeitig zu sterben.

In beiden Fällen müssen wir entscheiden, ob wir Petra oder Claudia operieren. Im ersten Beispiel dienen die

Eingriffe ihrem jeweils eigenen Wohl, im zweiten dem Wohl einer dritten Person. Mir scheint nun: Im ersten Beispiel ist das höhere Risiko für Petra kein zwingender Grund, Claudia die Operation zuteilwerden zu lassen. Petras Interesse an einer Operation ist ja ebenso groß – wenn sie bereit ist, das höhere Risiko zu tragen, scheinen beide gleiche Ansprüche zu haben. Im Rahmen des Kontraktualismus gesagt: Beide haben gleiche Einwände dagegen, nicht operiert zu werden.

Im zweiten Falle ist dies anders: Hier scheint mir einiges dafür zu sprechen, diejenige Person zu operieren, für die ein geringeres Risiko besteht. Das liegt daran, dass weder Claudia noch Petra etwas entgehen würde, worauf sie einen Anspruch haben, wenn ihnen das Risiko erspart bliebe.

Das heißt: Wenn wir einer von zwei Personen ein Risiko aufbürden müssen, das nicht durch die Interessen dieser beiden Personen zu rechtfertigen ist, sondern durch die Interessen Dritter – *dann sollten wir derjenigen der beiden Personen das Risiko aufbürden, die das geringere Risiko zu tragen hat.*

Das ist nun der zweite Teil der Lösung für das Nicht-identitätsproblem. Der Fall von Nora und Nils ist nämlich so ein Fall wie *Zwei Operationen II* – ein Fall also, in dem es geboten ist, diejenige Person ein Risiko tragen zu lassen, für die das Risiko geringer ausfällt. Wieso sollte der Fall von dieser Art sein? Nun, angenommen, wir zeugen Nora. Und sie kritisiert uns: „Wieso habt Ihr nicht gewartet und ein gesundes Kind gezeugt? Ihr wusstet nicht, ob ich mit meinen Schmerzen klarkomme. Es hätte furchtbar werden können!" Unserem Prinzip *Risiko-Asymmetrie* zufolge können wir nicht entgegnen: „Wir *mussten* es riskieren, sonst hätten wir dir ja dein gutes Leben nicht schenken können!" Denn Noras gutes Leben war eben nichts, was wir ihr schuldig waren.

Noch einmal: Es ist natürlich nicht zu erwarten, dass Nora sich beklagen *wird*. Denn die Wahrscheinlichkeit, dass ihr Leben insgesamt gut wird, überwiegt sicher auch in ihrem Falle das Risiko eines üblen Lebens. Aber wir müssen wieder die Eigenarten riskanter Fälle berücksichtigen: Es gibt eben Risiken, bei denen wir im Nachhinein froh sind, dass man sie uns auferlegt hat, obwohl es eigentlich unmoralisch war. (Denken Sie hier an den Goldbarren, der Sie knapp verfehlt hat.)

Also: Wir können nicht behaupten, dass wir Nils oder Nora *um seinet- oder ihretwillen* das Risiko eines üblen Lebens aufbürden mussten. Wenn wir sie zeugen und ihnen dieses Risiko aufbürden, so müssen es andere Interessen oder Zwecke sein, die dies rechtfertigen. (Dazu kommen wir im nächsten Kapitel.) Ergo: Wenn wir einem von beiden das Risiko eines üblen Lebens aufbürden, so sollte es der:diejenige sein, der:die das kleinere Risiko tragen müsste. Das ist der Grund dafür, warum wir, wenn überhaupt, dann Nils zeugen sollten. Wenn wir hingegen Nora zeugen würden, hätte sie einen berechtigten Einwand, weil wir das Risiko auf ihre Kosten nicht minimiert haben.

9.4 Und die Paradoxie der bloßen Addition?

Mit unseren Ideen könnte sich außerdem ein Ausweg aus der Paradoxie der bloßen Addition finden lassen. Der:die Leser:in erinnert sich gewiss an die Pointe das Arguments: Unsere Intuitionen über das bloße Hinzufügen von Menschen mit lebenswerten Leben, zusammen mit Urteilen über Gerechtigkeit und Wohltätigkeit, führen dazu, dass wir ein schrittweises Anwachsen der Bevölkerung bei sinkender Lebensqualität mit jedem Schritt als eine Verbesserung beurteilen.

Mein Ansatz löst diese Paradoxie nicht direkt. Was die Theorie des *Werts* zukünftiger Populationsszenarien angeht, liegen unsere Ideen vermutlich wirklich in Unordnung. Aber der Ansatz kann etwas anderes erklären, nämlich, warum die *Entscheidung,* immer weiter glückliche Menschen hinzuzufügen, trotzdem in einigen Schritten des Arguments moralisch falsch sein kann.

Der Grund liegt nicht in der geringeren Lebensqualität der neuen Gruppe – sondern darin, dass die Bedingungen, die die Lebensqualität mindern, auch ein erhöhtes *Risiko* eines Lebens mit sich führen, das ein veritables Übel ist. Mit jedem neuen Additionsschritt im Argument fügen wir Menschen hinzu, wobei das Risiko eines schrecklichen Lebens in jedem Durchgang höher wird. Unsere rechtfertigenden Gründe dafür, neue Menschen zu kreieren, werden an irgendeinem Punkt nicht mehr gut genug sein, um die Risiken existenzieller Übel adäquat kompensieren zu können. Zumindest in solchen unsicheren Entscheidungen werden die neu hinzugefügten Menschen also einen berechtigten Einspruch gegen unsere Entscheidung haben, sie zur Existenz zu bringen.

9.5   Risiken und die *Ex-post-*Perspektive

Die hier vorgeschlagenen Lösungen beruhen auf der Idee, Risiken und Unsicherheit ernst zu nehmen. Aber kann das die ganze Lösung sein? Immerhin haben unsere ursprünglichen Beispiele solche Unsicherheit doch einfach ausgeschaltet, indem wir *festgelegt* haben, dass z. B. Nora ein gutes Leben hat (wenn auch ein weniger gutes als Nils). Und dennoch war unser Urteil, dass es falsch wäre, Nora zu zeugen. Vielleicht sind Risiken also ein weiterer Grund – aber sind sie der einzige?

Mir scheint, dass unsere Urteile über Fälle wie *Jetzt oder Später* (also über den Fall von Nora und Nils) tatsächlich so verstanden werden sollten, dass sie – ob bewusst oder nicht – auf die Risiken eines üblen Lebens reagieren. Dass es sich so verhält, bemerken wir, wenn wir uns etwas klarmachen, das in der Debatte zu selten erwähnt wird. Der bereits erwähnte David Velleman beobachtet: Wenn Nora erst einmal gezeugt wurde und vor uns steht, werden wir es fortan nicht mehr richtig finden, von ihr zu sagen, dass sie nicht hätte existieren sollen. Im Gegenteil: Wir werden froh sein, dass es sie gibt, und ihre Geburt einmal im Jahr feiern. Woher der Sinneswandel?

Wir bemerken hier, dass unser ursprüngliches Urteil wirklich an die frühere Perspektive gebunden ist – an die *Ex-ante*-Perspektive, aus der wir nur Prognosen und Schätzungen vornehmen können. Das ist etwas, das mein Ansatz gut erklären kann. Nur aus dieser Vorher-Perspektive gibt es das *Risiko*, dass Noras Leben eine Qual sein wird. Wenn wir ihr aber gegenüberstehen und uns überzeugen können, dass sie trotz allem gerne lebt, dann wird klar, dass dieses Risiko sich nicht verwirklicht hat. Und fortan sehen wir dann auch keinen Grund mehr, ihre Zeugung zu kritisieren.

Einige Autor:innen (z. B. Coons 2012) behaupten, dass das gleiche auch für die Abstoßende Konsequenz gilt. Angenommen, es kommt wirklich dazu, dass Population Z existiert. Wir erleben also diese riesige Zahl Menschen und erkennen, wie sie es trotz aller Widrigkeiten schaffen, ein Leben zu führen, das ihnen etwas wert ist. Würden wir im Angesicht dieser Menschen wirklich sagen wollen, dass ihre Existenz beklagenswert sei? Würden wir ihnen kundtun, dass es viel besser gewesen wäre, wenn es sie alle nie gegeben hätte? Die Menschen würden vermutlich nicht zustimmen – und mir scheint, dass sie auch keinen Grund dazu hätten. *Für sie* ist ihre Existenz eben kein Schaden, und auch niemandem sonst entgeht durch ihre Existenz etwas. Wenn wir ihr Dasein beklagen, verwenden wir einen Maßstab, der jedenfalls nichts mit *ihren* Interesse zu tun hat.

Mein Ansatz sagt: Wenn wir vor Population Z zurückschrecken, so nicht deshalb, weil die Menschen in Z irgendwelchen äußeren Gütestandards nicht genügen. Wir schrecken *um ihretwillen zurück* – weil es ein großes Risiko gibt, dass die Existenz für diese Personen selbst nicht gut wäre.

9.6   Gemischte Fälle

Abschließend sollten wir kurz ansprechen, wie der hier vorgelegte Ansatz *gemischte* Fälle behandelt.

Was ist damit gemeint? Unser Handeln kann beeinflussen, wer in Zukunft existiert. Das hat uns das Nichtidentitätsproblem gelehrt. Allerdings gilt: In vielen solcher Fälle wird es *auch* solche zukünftigen Menschen geben, deren Existenz *nicht* von unserer Entscheidung abhängt – Menschen, die existieren werden, egal wie wir entscheiden. Solche Menschen werden dabei natürlich oft in einem ganz herkömmlichen Sinne von unseren Handlungen betroffen oder „affiziert" sein.

Wie sind Fälle dieser Art zu beurteilen? Hier kommt ein Beispiel von McMahan (2013, 10):

Gemischter Fall 1			
	DORA	**ELISA**	**FRIDA**
S1	80	---	60
S2	---	60	80

Wieder haben wir es hier mit einer Darstellung ohne Unsicherheit zu tun – wiederum wird also so getan, als könnten wir definitiv vorhersehen, wie gut es den zukünftigen Personen insgesamt ergehen wird. Lassen wir uns kurz darauf ein und betrachten die Natur dieses Falles. Was die ersten beiden Kandidat:innen betrifft, also Dora und Elisa, verhält sich alles so wie bei Nora und Nils. Wir können also Dora ein gutes Leben schenken *oder* Elisa ein etwas weniger gutes Leben. Keine der beiden kann dabei durch unser Tun *besser* oder *schlechter* gestellt werden – wie oben. Jedoch ist noch ein weiteres Individuum beteiligt: Frida. Sie existiert in beiden Szenarien, egal wie wir entscheiden. Und ihr ergeht es, je nachdem, wie wir entscheiden, tatsächlich *besser* oder *schlechter.*

Parfit und McMahan fragen sich nun, ob dies eigentlich einen wichtigen Unterschied macht. Immerhin gilt: Wenn wir S2 wählen, dann lebt Elisa ein etwas beschwerliches Leben – doch dieses Leben ist das einzige Leben, das wir ihr überhaupt ermöglichen konnten. Die Alternative wäre die Nichtexistenz Elisas gewesen. Wenn wir hingegen S1 wählen, so ist es Frida, die das beschwerliche Leben lebt. Und für Frida wäre ein weniger beschwerliches Leben möglich gewesen. Wir hätten sie also mit unserer Entscheidung um eine bessere Alternative, ein unbeschwertes Leben gebracht.

Intuitiv scheint dies für viele Leser:innen einen Unterschied zu machen. Viele von uns glauben also, dass es richtig wäre, S2 zu wählen. Parfit (1984; 2011) argumentiert freilich dafür, dass wir hier keinen Unterschied sehen sollten. McMahan (2013) kommt jedoch zu einem anderen Schluss.

Was sagt mein Vorschlag über solche Fälle? Um das zu erkennen, müssen wir uns den Fall zuerst in realistischer Form, also *mit Unsicherheit*, vorstellen. Wir müssen uns also z. B. denken, dass Elisa in S2 und Frida in S1 mit einer Krankheit zu kämpfen haben, die ihre Lebensqualität *wahrscheinlich* um etwa 20 Punkte gegenüber Dora reduziert. Und wieder müssen wir annehmen, dass mit einer solchen Krankheit ein höheres Risiko einhergehen wird, dass das Leben ein Übel ist.

Um die Szenarien nun zu bewerten, müssen wir fragen, wer welche Einwände hätte. Wenn wir S2 wählen, so setzen wir Elisa einem erhöhten Risiko aus, dass ihr Leben insgesamt ein Übel wäre. Das verleiht Elisa, ähnlich wie Nora im obigen Fall, einen Einwand gegen S2. Das gleiche gilt natürlich für Frida, wenn wir S1 wählen. *Diese Einwände halten sich die sprichwörtliche Waage.*

Aber: Das Risiko eines existenziellen Übels ist eben nicht alles, worüber sich Frida in S1 beklagen kann. Wenn wir S1 wählen, dann machen wir es nicht nur etwas wahrscheinlicher, dass ihr Leben absolut *schlecht* ist. Sondern wir sorgen mit sehr großer Wahrscheinlichkeit dafür, dass sie *schlechter* dasteht – dass wir mit Frida also eine Person krank *machen*, die gesund hätte sein können.

Das heißt: Meinem Ansatz zufolge müssen wir einen Unterschied machen zwischen zukünftigen Menschen, deren Existenz von unserer Entscheidung abhängt, und solchen zukünftigen Menschen, deren Existenz *nicht* von unserer Entscheidung abhängt. Diese letzteren Menschen, wie Frida, können von unserem Handeln in genau derselben Weise betroffen sein wie gegenwärtige Menschen, etwa unser Nachbar in *Nachbar in Not.* Wir können sie in ganz gewöhnlichem Sinne schädigen – sie *schlechter* oder *besser* stellen. Damit können sie aber Einwände einer Art gegen unser Tun haben, die zukünftige Personen wie Dora und Elisa nicht haben können.

Wie sind dieser Unterschiede zu gewichten? Betrachten wir dazu eine Variante des Falles:

Gemischter Fall 2			
	DORA	**ELISA**	**FRIDA**
S1	80	---	60
S2	---	40	80

Wiederum müssen uns einen unsicheren Fall vorstellen und annehmen, dass die Tabelle nur die *wahrscheinlichen* Ausgänge angibt. Wie zuvor können wir Dora und Elisa nur existenzielle Güter zukommen lassen, Frida hingegen können wir besser oder schlechter stellen. In dieser Variante droht Elisa in S2 aber eine schlimmere Krankheit als Frida in S1. Daher ist auch das Risiko höher, dass Elisas Leben insgesamt schrecklich ist. Wie gewichten wir dieses größere Risiko für Elisa?

Es ist schwierig, hier Genaues zu sagen. Generell glaube ich, dass kleinere Risiken eines schlechten Lebens dadurch gerechtfertigt werden können, dass es Anderen dadurch besser ergeht. (So soll im kommenden Kapitel erklärt werden, warum es oft zulässig ist, Nachwuchs zu zeugen.) Aber: Hier scheint mir, dass der Preis für Elisa zu hoch wäre. Die Tabelle zeigt, dass es um eine schwere Beeinträchtigung gehen muss, die ein Leben auch leicht zur Gänze aus den Fugen bringen kann. Mir scheint, dass eine Verbesserung für Frida dieses Risiko für Elisa nicht rechtfertigen kann.

Das heißt: Solange die Risiken eines üblen Lebens zwischen Elisa und Frida ungefähr vergleichbar sind, machen die weiteren Einwände, die Frida hat, den entscheidenden Unterschied. Wenn aber der Person, über deren Existenz wir entscheiden, ein deutlich größeres Risiko eines üblen Lebens droht als anderen in anderen Szenarien, hat die Vermeidung dieses Risikos Vorrang.

Wir haben auch mit diesen Überlegungen nur die Spitze des Eisbergs behandelt. Aktuelle Debatten, besonders seit Parfit (2011), zeigen, dass noch größere Schwierigkeiten drohen, sobald wir uns Vergleichen von mehr als zwei alternativen Szenarien zuwenden. Diese Komplikationen müssen wir hier aussparen. Ich empfehle dazu abermals Horton (2021) und Podgorski (2021).

10

Der Wert der Zukunft der Menschheit

Haben wir nun also Gründe, zu hoffen und dazu beizutragen, dass es in Zukunft weiter Menschen gibt? Die bisherigen Überlegungen könnten uns skeptisch machen. Sie zeigen ja, dass eine Klasse von Gründen ausfällt: Das Wohl der zukünftigen Menschen selbst ist keine Quelle solcher Gründe.

Die Zukunft der Menschheit zu sichern und zu befördern ist also nicht etwa eine Form der Wohltätigkeit gegenüber den zukünftigen Menschen – der Versuch, ihnen das Geschenk eines glücklichen Lebens zu machen. Es ist ein Projekt, für das wir andere Gründe haben müssen, und das wir *auf Kosten* der einzelnen zukünftigen Menschen verfolgen – oder zumindest *auf ihr Risiko*.

Was berechtigt uns dazu? Was spricht dafür, der Menschheit die Weiterexistenz zu sichern?

© Der/die Autor(en), exklusiv lizenziert an Springer-Verlag GmbH, DE, ein Teil von Springer Nature 2022
T. Henning, *Die Zukunft der Menschheit – soll es uns weiter geben?*, #philosophieorientiert,
https://doi.org/10.1007/978-3-662-65536-8_10

10.1 Zukünftige Menschen und heutige Interessen

Ein Teil der Antwort lautet: Es ist in unserem eigenen Interesse, dass es in Zukunft Menschen gibt. Wenn wir uns um die Zukunft der Menschheit sorgen, so gilt diese Sorge nicht zuletzt uns selbst.

In der Einleitung wurde bereits darauf hingewiesen, dass der Fall einer Familie ein Spezialfall unserer Fragestellung ist. Warum wünschen sich eigentlich viele Menschen eine Familie, warum wünschen sie sich speziell, Kinder zu bekommen? Wie eingangs erwähnt: Für viele Menschen ist dieser Wunsch nicht nur ein blinder biologischer Imperativ. Viele Menschen haben durchaus auch *Gründe* dafür, sich Kinder zu wünschen. Und diese Gründe können Hinweise auf die Gründe geben, die wir für den Wunsch nach der Weiterexistenz der Menschheit im großen Maßstab haben.

Für viele Menschen ist es eine wertvolle Erfahrung, am Leben und am Glück der eigenen Kinder Anteil zu nehmen. Zu dieser wertvollen Erfahrung gehört es nämlich, dass die Endlichkeit des eigenen Lebens weniger Bedeutung bekommt. Wie der Philosoph John Stuart Mill schreibt:

„Wem jede Gefühlsbindung – sei es an die Gemeinschaft, sei es an einzelne Menschen – abgeht, dem sind die Reize des Lebens erheblich beschnitten und für den verlieren sie noch an Wert, je näher der Augenblick rückt, in dem der Tod allen selbstsüchtigen Regungen ein Ende setzt. Dagegen empfinden diejenigen, die etwas zurücklassen, was sie lieben, und zumal die, die in sich ein Gefühl der Anteilnahme an den Belangen der Menschheit entwickelt haben, noch im Schatten des Todes ein ebenso lebhaftes Interesse am Leben wie in der Blüte ihrer Jugend und Gesundheit." (Mill 2021 [1871], 43)

Mit anderen Worten: Wenn wir am Leben bestimmter anderer Menschen stark Anteil nehmen, dann wird uns z. B. unser eigener Tod nicht mehr als das Ende alles dessen erscheinen, was gut und wichtig ist. Gewiss, unser Leben geht zwar zu Ende – aber wenn uns das Leben Anderer ähnlich wichtig ist, heißt das eben, dass nur *eine* Sache unter denen, die uns wichtig sind, zu Ende geht.

Wohlgemerkt: Wer andere Menschen lediglich insofern schätzt, weil sie ihm:ihr selbst Freude bereiten, für den:die wird diese Form des Trostes nicht funktionieren. Er:sie wird in dem Gedanken, dass das Leben jener anderen Menschen weitergeht, keinen Trost finden können, denn er:sie hat ja nach dem Tode nichts mehr davon. Aber wenn wir in genuin *selbstloser* Weise ein Interesse am Leben späterer Generationen nehmen, verhält es sich anders. Wenn das Leben und das Glück dieser Nachkommen für uns *intrinsisch* wertvoll sind, dann ist unser Tod nicht das Ende.

Wir können Mills Überlegungen noch weiter fortführen. Es ist nicht nur so, dass die Anteilnahme am Glück unserer Nachkommen die eigene Endlichkeit weniger schlimm erscheinen lässt. Auch andere Güter in unserem Leben erhalten dadurch einen besonderen Wert, dass sie auch anderen Wesen, die uns wichtig sind, in Zukunft nützlich sein können. Damit können diese Güter noch über die zeitlichen Grenzen unseres Lebens hinaus etwas bewirken, das uns wichtig ist. Das, was wir wissen und lernen, wird noch einmal bedeutsamer und erfreulicher dadurch, dass wir es unseren Nachkommen beibringen können. Das, was wir erwirtschaften, erhält größere Bedeutung dadurch, dass wir es vererben können. Viele Projekte, die vorher nur unsere eigenen waren, haben nun die Aussicht, gemeinsame und generationenübergreifende Projekte zu werden. Und so weiter.

Lassen sich Gedanken wie diese auf den größeren Rahmen der Populationsethik übertragen? Der Philosoph Samuel Scheffler antwortet: Ja. In der Tat glaubt Scheffler, dass der Gedanke, dass es auch nach unserem Tode eine Nachwelt gibt, für uns eine zentrale Quelle von Glück und Bedeutung für unser eigenes Leben ist. Natürlich haben wir gegenüber zukünftigen Menschen im Allgemeinen nicht die engen Bindungen, die wir zu eigenen Nachkommen haben. Dennoch, so Scheffler, beziehen überraschend viele unserer Projekte ihren Wert aus der Annahme, dass es in der Zukunft noch Menschen geben wird. Wenn wir zum Beispiel wüssten, dass es in kurzer Zeit keine Menschen mehr gäbe – welchen Grund hätten wir dann noch, z. B. nach Heilungsmethoden für Krebs zu forschen? Welchen Grund hätten wir, uns in wissenschaftlichen Forschungsprojekten zu engagieren, deren definitive Resultate erst in vielen Jahren vorliegen werden? Welchen Grund hätten wir, Kunstwerke und historische Gegenstände und Quellen zu schützen und zu restaurieren, welchen Grund, die Geschichtsschreibung bis in die Gegenwart weiter zu führen? Würden Sie es auf sich nehmen, eine Sinfonie zu komponieren, wenn es von vornherein klar wäre, dass ihr Erfolg die sehr nahe Zukunft nicht überdauern würde? Alle größeren Projekte dieser Art ergeben, so Scheffler, nur dann einen Sinn, wenn es eine menschliche Nachwelt gibt, der sie zugutekommen. Und die Überzeugung, dass diese Projekte tatsächlich Sinn ergeben, ist für viele Menschen ein ganz entscheidender Beitrag zur Bedeutung ihres eigenen Lebens. Wenn wir zu der Überzeugung kämen, dass alle diese Projekte letztlich witzlos sind, dann würden wir ja nicht einfach erleichtert aufatmen.

Kurzum: Der Gedanke, dass wir Teil einer Menschheitsgeschichte sind, die mit unserem eigenen Tod nicht beendet sein wird, ist für unser eigenes Leben zentral.

Viele unserer Projekte beziehen ihren Wert eben aus dem Umstand, auf den auch schon Mill hinweist – dem Umstand also, dass wir Anteil am Los von Menschen nehmen, die noch existieren werden, wenn wir nicht mehr da sind, und die von unseren Bemühungen profitieren, an sie anknüpfen und sie fortführen können.

Es sind solche Gründe, die den Gedanken an eine zukünftige Welt ohne Menschen, wie Scheffler schreibt, „unerträglich deprimierend" machen. Es ist unser eigenes Interesse an einem bedeutungsvollen, weniger begrenzten Leben, das eine Zukunft für die Menschheit wichtig macht.

10.2 Zukünftige Menschen und unpersönlicher Wert

Es gibt noch eine zweite Klasse von Gründen dafür, eine Zukunft der Menschheit zu befürworten. Die Existenz von Menschen in der Zukunft könnte einen Wert haben, der in der philosophischen Fachsprache oft *unpersönlich* heißt. Um das zu veranschaulichen: Bestimmte Naturphänomene scheinen eine Art von objektiver Schönheit oder „intrinsischem" Wert zu haben. Dieser Wert, so die Idee, ist unabhängig davon, dass Menschen ihn erfahren. Auch wenn es mit der Menschheit bald zu Ende ginge, sollten wir nicht etwa den Grand Canyon mit Müll auffüllen oder alle Wälder abbrennen lassen. Naturphänomene wie diese haben einen Wert jenseits menschlichen Nutzens.

Dieser Gedanke lässt sich etwas pointierter, aber auch etwas technischer, so formulieren: Bestimmte Dinge oder Wesen können *gut* sein, ohne dass es jemanden oder etwas gibt, *für den:die* sie nützlich, erfreulich o.ä. wären. Sie haben also in diesem Sinne absoluten oder *unpersönlichen* Wert.

Der Philosoph Ronald Dworkin (Dworkin 1993) behauptet, dass diese Art von Wert nicht nur Naturphänomenen oder Kunstwerken vorbehalten ist. Auch menschliches Leben könne einen solchen Wert haben. Zusätzlich dazu, dass es *für die Menschen* eine gute Sache ist, wenn sie ein gutes menschliches Leben führen, könne es auch im unpersönlichen Sinne einfach *gut* sein, dass die Welt um diese Form von Leben reicher ist. Es macht diese Welt zu einem vielfältigeren, schöneren Ort.

Tatsächlich glaubt Dworkin, dass sich einige hitzige Meinungsverschiedenheiten in medizinethischen Debatten mit Hilfe dieser Kategorie ein stückweit aufklären lassen. Er betrachtet etwa die Debatte um das Recht auf Abtreibung und den moralischen Status von Embryonen. Einerseits gibt Dworkin denjenigen Recht, die behaupten, dass ein früher Embryo kein Wesen ist, das bereits Interessen oder auch nur ein Wohlergehen hat. Wir können daher nicht behaupten, so Dworkin, dass es *für* dieses Wesen ein Übel wäre, wenn wir seine Existenz beenden; schon gar nicht können wir behaupten, es hätte ein Interesse an oder gar ein Recht auf die Weiterexistenz. Aber, so Dworkins Vorschlag, das heißt nicht, dass die Existenz des Embryos *keinen* Wert hat. Sie hat einen unpersönlichen, intrinsischen Wert – wir sollten die Existenz des Embryos nicht leichtfertig beenden, weil wir damit nicht respektieren würden, dass es sich nicht nur um einen Zellklumpen handelt, sondern um ein bewundernswertes Werk der Natur. Die Existenz dieses Wesens kann daher etwas Wertvolles sein, ohne deshalb schon *für* dieses Wesen Wert zu haben.

Ähnliches schlägt Dworkin für ein anderes kontroverses Thema vor: Viele Menschen stehen einem Recht auf aktive Sterbehilfe kritisch gegenüber. Sie glauben, dass auch dann, wenn das Leben für einen Menschen nur noch eine Qual ist, noch immer etwas dagegen spricht, ihn:sie zu töten. Dworkin schlägt vor, auch diese Position durch die Kategorie des unpersönlichen Werts verständlich zu machen. Zwar können wir schwerlich behaupten, dass das Leben *für* den:die Patient:in noch etwas Gutes sei. Gleichwohl, so Dworkin, könnte es unpersönlichen Wert haben.

Diese kontroversen Themen schneide ich hier nicht deshalb an, weil ich sie ausführlich diskutieren könnte. Ich erwähne sie, um den:die Leser:in mit dem Begriff des unpersönlichen Werts vertraut zu machen. Dass ein menschliches Wesen existiert, können wir in einer Weise als gut oder schön bewerten, die unabhängig von der Frage ist, ob diese Existenz auch um dieses Menschen *selbst* willen zu befürworten ist, oder ob wir sie im Sinne dieses Menschen vielmehr neutral oder schlecht finden sollten. Menschen haben also – neben ihrem moralischen Status – *auch* die Art von unpersönlichem Wert, den beeindruckende Werke der Natur oder der Kunst haben.

Wenn man diesen Gedanken akzeptiert, dann kann man noch einen weiteren Grund dafür benennen, warum es in Zukunft Menschen geben sollte. Nochmal: Die bisherige Argumentation ergab, dass zukünftige Menschen zum jetzigen Zeitpunkt keine moralisch relevanten Interessen an einer Existenz haben können. Wir schulden es ihnen also nicht, sie zur Existenz zu bringen. Nun sehen wir: Die Existenz zukünftiger Menschen kann in einem anderen Sinne wertvoll sein – sie kann objektiven, unpersönlichen Wert (oder Schönheit) haben. Eine zukünftige Welt, in der neben anderen Arten auch Menschen existieren, ist um eine durchaus beeindruckende Spezies reicher, und damit ein weniger trister und indifferenter Ort. Wir haben sicher Grund, das zu ermöglichen.

Diese Kategorie von Gründen ist vergleichbar mit den Gründen, die wir generell haben, z. B. Biodiversität als erstrebenswert und als intrinsisch wertvoll zu betrachten.

Wir hätten demnach Grund, die Weiterexistenz der Menschheit zu ermöglichen, in genau derselben Weise, wie wir Grund haben, die Weiterexistenz von z. B. Pandas oder Weißkopfseeadlern zu ermöglichen. Wichtig: Weil es an dieser Stelle nicht mehr um die moralisch relevanten Interessen und Ansprüche von Menschen geht, sondern um den unabhängigen Aspekt ihres unpersönlichen Werts, gibt es auch keinen mir ersichtlichen Grund, diesen unpersönlichen Wert der Menschheit für *besonders* zu halten. Es gibt also auf dieser Ebene der Argumentation keinen Grund, das Gedeihen und die Weiterexistenz der Spezies Mensch *per se* für wichtiger zu halten als die Belange anderer Spezies.

10.3 Nicht zu viele, nicht zu wenige…

Diese Überlegungen erklären vielleicht auch, wieso die Fragen in der Populationsethik uns so perplex zurücklassen. Wieso haben wir eigentlich keine präzisen Vorstellungen davon, welche zukünftigen Populationen wir bevorzugen sollten? Die Antwort könnte lauten: Weil die Gründe, die wir haben, uns eine Zukunft der Menschheit zu wünschen, keine große Genauigkeit *verlangen.*

Ein erster Grund, so habe ich hier argumentiert, hat mit uns selbst zu tun. Es verleiht unserem Leben mehr Bedeutung, wenn wir Teil einer Menschheitsgeschichte sind, die nicht mit unserem eigenen Tod endet. Für dieses Bedürfnis ist es nicht sonderlich wichtig, wie viele Menschen es genau gibt – und ob es eher mehr Menschen mit etwas geringerem individuellem Glück gibt, oder eine etwas kleinere Gruppe mit höherer individueller Lebensqualität. Eine Nachwelt muss keine *speziellen* Merkmale haben, um unserer Geschichte Kontinuität zu verleihen.

Ein zweiter Grund hat mit dem Wert der menschlichen Spezies zu tun – mit ihrem Wert als Beitrag zu einer vielfältigen und schönen Welt. Auch dieser Wert lässt in Bezug auf die genaueren Bedingungen vieles offen. Wenn wir hoffen, dass die Welt auch in Zukunft eine bestimmte Lebensform enthält, so wünschen wir wohl nicht nur, dass einige wenige Exemplare eine prekäre Existenz fristen. Aber wir hoffen auch nicht automatisch, dass diese Spezies sich immens über die Welt ausbreitet. Ebenso wenig fordern wir, dass es den Vertretern der Spezies außerordentlich gut ergehen müsse. Schön wäre eine Anzahl gedeihlicher, guter Leben – nicht zu wenige, nicht zu viele.

Schärfere Kriterien lassen sich aus unseren Beweggründen kaum ableiten. Und warum auch?

11

Unsere Pflichten gegenüber zukünftigen Generationen

Was ist das Fazit der Diskussion in diesem Buch? Was ergibt sich speziell für Fragen der Moral? Wozu sind wir hinsichtlich der Existenz von Menschen in der Zukunft moralisch verpflichtet?

Die vielleicht wichtigste Erkenntnis lautet, dass der Philosoph Jan Narveson mit seinem Diktum, das wir wiederholt zitiert haben, richtig liegt: Wir haben zwar die Verpflichtung, Menschen glücklich zu machen, aber wir haben nicht in der gleichen Weise die Pflicht, glückliche Menschen zu machen. Es wäre ein Fehler, die Zeugung neuer glücklicher Menschen so zu behandeln, als sei es eine Pflicht der Wohltätigkeit oder der Hilfsbereitschaft. Ansätze wie die Gesamtsummentheorie (s. Kap. 6) ignorieren diesen Unterschied. Sie führen deshalb erstens zur Abstoßenden Schlussfolgerung, also der Idee, dass die beste Zukunft eine ist, in der eine irrsinnige Anzahl von Menschen eine gerade noch zufriedenstellende Existenz fristet. Zweitens führen sie zum *Longtermism* (s. Kap. 8), also der Idee, dass unsere Pflicht, mehr Menschen in der ferneren Zukunft eine Existenz zu erlauben, so umfassend und wichtig ist, dass alle anderen Belange daneben verblassen.

Diese Ideen ergeben sich, wenn man die Beförderung der Existenz weiterer Menschen in der Zukunft als ein humanitäres, wohltätiges Anliegen missversteht. Denn wohltätige Pflichten haben besondere Bedeutung. Um das zu zeigen, nehme ich ein inzwischen wohlbekanntes Beispiel:

Nachbar in Not	
	NACHBAR
S1	glücklich
S2	Verlust des Beins

Unser Nachbar existiert in beiden Szenarien; seine Existenz hängt nicht von unserer Entscheidung ab. Und das bedeutet, dass unser Nachbar im Prinzip in beiden Szenarien berechtigte Einwände vorbringen könnte. Wenn wir darauf verzichten, sein Glück zu befördern, existiert er dennoch, und zwar in einem unerfreulichen Zustand. Deshalb kann er einen berechtigten Einspruch haben.

Solche Einsprüche haben nun, wie gesagt, ein erhebliches Gewicht. Probieren wir einmal, das Beispiel auf verschiedene Weise zu ergänzen. Nehmen wir an, wir sind gerade auf dem Weg zu einer wichtigen und gerechtfertigten Demonstration, als wir bemerken, dass unser Nachbar sein Bein zu verlieren droht. Hier scheint es, dass es dennoch geboten wäre, ihm zu helfen. Oder nehmen wir an, wir können nur dann helfen, wenn wir einen seltenen Baum in seinem Garten fällen. Oder angenommen, wir müssten, um ihm zu helfen, eine Maus überfahren. Nicht alle Leser:innen sind vielleicht bei allen

Beispielen geneigt zuzustimmen. Aber ich würde erwarten, dass in jedem Falle *viele* Leser:innen finden, dass die Rettung des Beines moralischen Vorrang hat. Mit anderen Worten: Der berechtigte Einwand unseres Nachbarn gegen S2 hat größeres Gewicht.

Betrachten wir nun im Kontrast ein zweites Beispiel, das uns ebenfalls bestens vertraut ist:

Der gute Fall

	ALBERTA
S1	glücklich
S2	---

Der Kontrast zwischen *Nachbar in Not* und *Der gute Fall* ist genau derjenige, den Narvesons Zitat hervorhebt: Im ersten Falle können wir eine Person glücklich machen, im zweiten Falle können wir eine glückliche Person machen. Wichtig ist nun: Da Alberta in S2 nicht existiert, kann sie in S2 auch keine Einwände haben – weder berechtigte noch unberechtigte. Und das heißt, meinem Vorschlag zufolge: Es gibt in der Tat keinerlei moralische Verpflichtung gegenüber Alberta, sie zur Existenz zu bringen und in diesem Sinne zu ihrem Glück beizutragen. Im Gegenteil: Ihr gegenüber haben wir die negative Pflicht, ihr keine unbegründeten Risiken existenzieller Übel aufzubürden.

Und das bedeutet auch: Es gibt keine gute Entschuldigung dafür, um dieser Zeugung willen andere moralische Anliegen zu kompromittieren. Wir haben hier also *keinen* Grund, die wichtige Demonstration zu verpassen, den seltenen Baum zu fällen oder auch nur die Maus zu überfahren!

Wir können dies nun auf die Zukunft der Menschheit im größeren Rahmen übertragen: Wenn uns die Existenz zukünftiger Menschen moralische Pflichten auferlegen

würde, die von derselben Art sind wie unsere Hilfspflichten in *Nachbar in Not,* so würde dieses Ziel eben in
der Tat alles andere überschatten. Und das beträfe nicht
nur, wie der *Longtermism* argumentiert, unsere gegenwartsbezogenen moralischen Anliegen. Es beträfe auch die
Existenz von anderen Lebewesen und Ökosystemen. Diese
Ziele müssten ebenso das Nachsehen haben wie die Maus
oder der seltene Baum im Falle des Nachbarn. Aber tatsächlich verhält es sich nicht so. Wir sollten die zukünftige
Existenz der Menschheit in derselben Weise betrachten
wie die Existenz von Alberta. Sie wäre in vielen Hinsichten
eine wunderbare Sache – aber nichts, was moralischen
Vorrang hat.

Es gibt also, anders als Vertreter:innen des *Longtermism*
glauben, keinen hinreichenden Grund, um einen Großteil
unserer Ressourcen darauf zu verwenden, die Existenz
extrem vieler Menschen wie Alberta in der ferneren
Zukunft zu ermöglichen. Wir können diesem Ziel, wie
im letzten Kapitel beschrieben, einen gewissen Wert bei-
messen, aber eben beileibe keinen absoluten Vorrang.

Welche konkreteren Implikationen ergeben sich? In
der Einleitung habe ich vorgeschlagen, zweierlei Sorgen
zu unterscheiden. Eine lautet: Wir möchten, dass es
zukünftigen Menschen, *wenn* es sie gibt, möglichst gut
ergeht. Die andere lautet: Wir möchten, *dass* es zukünftige
Menschen geben soll. Wir können nun eine parallele
Unterscheidung vornehmen, die unsere Handlungen
betreffen, und zwar speziell solche, die klare Auswirkungen
auf zukünftige Generationen haben.

Manche solcher Handlungen betreffen mindestens
zum Teil solche zukünftigen Menschen, deren Existenz
nicht von diesen Handlungen abhängt. Diese Menschen
existieren, was diese Handlungen angeht, in jedem
Falle. Eine solche Handlung affiziert also nicht, ob diese
Menschen existieren werden, aber sehr wohl, wie gut ihre

Existenz ausfällt. Wir haben es also mit dem zu tun, was in Kap. 9 *gemischte* Fälle genannt wurde. In solchen Fällen haben wir den Menschen gegenüber, die in jedem Falle existieren werden, genau dieselben Pflichten wie gegenüber unserem Nachbarn. Dies sind eben die üblichen, moralisch gewichtigen Pflichten zur Hilfsbereitschaft oder Wohltätigkeit. Wenn dies für die Mehrzahl der betroffenen Menschen gilt, dann ist vor allem unsere erste Sorge einschlägig. *Da* es für jene Menschen feststeht, *dass* es sie geben wird, muss unsere Sorge sein, dass es ihnen auch gut geht. Wir müssen dabei, wie in Kap. 9 beschrieben, im Auge behalten, dass die Menschen, deren Existenz von unserer Entscheidung abhängt, in *anderer* Weise zählen. Hier muss es uns darum gehen, nur solche Leben zu erschaffen, für die das Risiko tragbar ist. Wie ich ausgeführt habe, sollte die Vermeidung großer Risiken dabei hohe Priorität genießen.

Andere Handlungen hingegen haben hauptsächlich Auswirkungen auf die Existenz *und* das Wohl zukünftiger Menschen zugleich. Wenn wir etwa Handlungen erwägen, die die Besiedelung anderer Sonnensysteme in der Zukunft anstreben, so dürfte gelten, dass *alle* die Menschen, die infolge unseres Handelns ein glückliches Leben in anderen Sonnensystemen haben könnten, andernfalls gar nicht gelebt hätten. In solchen Fällen nun müssen wir das Glück dieser Menschen so betrachten wie das Glück von Alberta in *Der gute Fall.* Hier sind es also nicht gewöhnliche Hilfspflichten, die verlangen, diesen Menschen zur Existenz zu verhelfen. Die Sorge, *dass* es weiter Menschen geben soll, ist eben eine andere Sorge, mit anderen Gründen und anderem Gewicht.

Tatsächlich werden wir es mit einem Spektrum an Handlungen zu tun haben. Nur wenige Handlungen werden nur Menschen betreffen, die ohne diese Handlungen nicht existieren würden. Und nur wenige

Handlungen, die signifikante Auswirkungen auf die Zukunft haben, werden ohne Effekt auf die Existenz bestimmter Menschen sein. (Das lehrt uns das Nicht-identitätsproblem, s. o.) Wir werden daher nicht umhin-können, uns in jedem einzelnen Falle deutlich zu machen, welche Art von Effekt unser Tun hat. Hüten sollten wir uns in jedem Falle davor, unsere Beziehung zu zukünftigen Generationen *pauschal* nach dem Modell humanitärer Wohltätigkeitspflichten zu betrachten – auf die Gefahr, alle anderen moralischen Ansprüche und Ziele damit zu verdrängen.

Literatur

Adler, M. (2019), *Measuring Social Welfare: An Introduction*, Oxford und New York: Oxford University Press.

Allen, W. (1979), "My Speech to the Graduates", *New York Times* 10.8.1979 (Übers. T.H.).

Arrhenius, G., 2000. "An Impossibility Theorem for Welfarist Axiology," *Economics and Philosophy* 16: 247–266.

Barnes, E., 2016, *The Minority Body: A Theory of Disability*, Oxford und New York: Oxford University Press.

Benatar, D., 2006, *Better Never to have Been: The Harm of Coming into Existence*, Oxford: Oxford University Press.

Blackorby, C., W. Bossert and D. Donaldson, 1997, "Critical Level Utilitarianism and the Population-ethics Dilemma", *Economics and Philosophy*, 13: 197–230.

Boonin, D., 2014, *The Nonidentity Problem*, Oxford: Oxford University Press.

Bostrom, N. (2003), "Astronomical Waste: The Opportunity Cost of Delayed Technological Development", *Utilitas* 15, S. 308–314.

© Der/die Herausgeber bzw. der/die Autor(en), exklusiv lizenziert an Springer-Verlag GmbH, DE, ein Teil von Springer Nature 2022
T. Henning, *Die Zukunft der Menschheit – soll es uns weiter geben?*, #philosophieorientiert,
https://doi.org/10.1007/978-3-662-65536-8

Broome, J., 1999, *Ethics out of Economics*, Oxford: Oxford University Press.

Broome, J., 2004. *Weighing Lives*, Oxford: Oxford University Press.

Coons, C., 2012. "The Best Expression of Welfarism," in Mark C. Timmons (ed.), *Oxford Studies in Normative Ethics Vol. 2.* Oxford University Press.

Dworkin, R., 1993, *Life's Dominion: An Argument about Abortion, Euthanasia, and Individual Freedom*, New York: Knopf.

Fehige, C. 1998, "A Pareto Principle for Possible People", in Christoph Fehige & Ulla Wessels (Hrsg.), *Preferences*. Berlin: De Gruyter, S. 509–543.

Feinberg, J. 1988. "Wrongful Life and the Counterfactual Element in Harming," *Social Philosophy & Policy*, 4(1): 144–178.

Global Challenges Foundation (2016), *Global Catastrophic Risks*, http://globalprioritiesproject.org/wp-content/uploads/2016/04/Global-Catastrophic-Risk-Annual-Report-2016-FINAL.pdf

Greaves, H. und MacAskill, W. (2021), "The Case for Strong Longtermism", Global Priorities Institute Working Paper, Oxford University, https://globalprioritiesinstitute.org/hilary-greaves-william-macaskill-the-case-for-strong-longtermism-2/

Haas, M. (2919), "Aussterben ist keine Lösung. Oder doch?", *Süddeutsche Zeitung Magazin*, 16. März 2019. https://sz-magazin.sueddeutsche.de/die-loesung-fuer-alles/birthstrike-blythe-pepino-gebaerstreik-87007

Hare, R.M. (1975), "Abortion and the Golden Rule", *Philosophy & Public Affairs* 4: 201–222.

Harman, E., 2009, "Harming as Causing Harm", in M. Roberts & D. Wasserman (eds.) *Harming Future Persons: Ethics, Genetics and the Nonidentity Problem*, Berlin: Springer.

Haub, C. (2002), "How many people have ever lived on earth?" *Population Today*, 30(8), 3–4. https://www.proquest.com/trade-journals/how-many-people-have-ever-lived-on-earth/docview/235921971/se-2?accountid=14632

Heath, J. (2019), *Philosophical Foundations of Climate Change Policy*, Oxford: Oxford University Press.

Henning, T. (2019), *Allgemeine Ethik. Eine Einführung*, UTB.

Horton, J. (2021). "New and Improvable Lives", *Journal of Philosophy* 118: 486–503.

Huemer, M., 2008, "In Defence of Repugnance," *Mind*, 117 (468): 899–933.

IPCC, 2014, *Climate Change 2014: Mitigation of Climate Change. Contribution of Working Group III to the Fifth Assessment Report of the Intergovernmental Panel on Climate Change* [Edenhofer, O., R. Pichs-Madruga, Y. Sokona, E. Farahani, S. Kadner, K. Seyboth, A. Adler, I. Baum, S. Brunner, P. Eickemeier, B. Kriemann, J. Savolainen, S. Schlömer, C. von Stechow, T. Zwickel and J.C. Minx (eds.)]. Cambridge: Cambridge University Press.

Lugo, A., Trpchevska, N. and Liu, X., et al., 2019, "Sex-Specific Association of Tinnitus With Suicide Attempts." *JAMA Otolaryngol Head Neck Surg.* 145(7):685–687. https://doi.org/10.1001/jamaoto.2019.0566

McMahan, J., 1981, "Problems of Population Policy", *Ethics*, 92: 96–127.

McMahan, J., 2009, "Asymmetries in the Morality of Causing People to Exist", in M. Roberts & D. Wasserman (eds.) *Harming Future Persons: Ethics, Genetics and the Nonidentity Problem*, Berlin: Springer

McMahan, J., 2013, "Causing People to Exist and Saving People's Lives", *Journal of Ethics* 17: 5–35.

Meyer, K., 2018, *Was schulden wir zukünftigen Generationen? Herausforderung Zukunftsethik*, Stuttgart: Reclam.

Mill, J. S., 2021, *Utilitarianism/Der Utilitarismus* [1871], übers. und hrsg. von D. Birnbacher, Stuttgart: Reclam.

Narveson, J., 1973, "Moral Problems of Population", *The Monist* 57: 62–86.

Ng, Y.-K. (1989), "What Should We Do About Future Generations? Impossibility of Parfit's Theory X", *Economics and Philosophy*, 5: 135–253.

Nozick, R. (1974), *Anarchy, State, and. Utopia*, New York: Basic Books.

Ord, T. (2020), *The Precipice. Existential Risk and the Future of Humanity*. Oxford: Oxford University Press.

Our World in Data (2022), https://ourworldindata.org/future-population-growth#global-population-growth

Parfit, D., 1984, *Reasons and Persons*, Oxford: Clarendon Press.

Parfit, D., 2011, *On What Matters. Volume II*, Oxford: Oxford University Press.

Parfit, D., 2017, "Future People, the Non-Identity Problem, and Person-Affecting Principles", *Philosophy & Public Affairs* 45: 118-157.

Paul, L. A., 2014. *Transformative Experience*. Oxford: Oxford University Press.

Picker, Eduard (1995). *Schadensersatz für das unerwünschte eigene Leben – „Wrongful Life"*. Tübinger Rechtswissenschaftliche Abhandlungen, Bd. 80, Tübingen.

Pinker, S. (2018), *Enlightenment Now: The Case for Reason, Science, Humanism, and Progress*, Viking.

Podgorski, A. (2021), "Complaints and tournament population ethics", *Philosophy and Phenomenological Research*, online first. https://onlinelibrary.wiley.com/doi/10.1111/phpr.12860

Rawls, J., 1971, *A Theory of Justice*, Cambridge: Harvard University Press.

Scanlon, T. M., 1998, *What We Owe to Each Other*, Cambridge, MA: Harvard University Press.

Scheffler, S., 2013, *Death and the Afterlife*. Oxford: Oxford University Press.

Scheffler, S., 2018, *Why Worry About Future Generations*. Oxford: Oxford University Press.

Shiffrin, S., 1999. "Wrongful Life, Procreative Responsibility, and the Significance of Harm," *Legal Theory*, 5: 117–48.

Sider, T. R., 1991, "Might Theory X be a Theory of Diminishing Marginal Value?", *Analysis*, 51: 265–71.

Tang, N. , Beckwith, P. and Ashworth, P. (2016). Mental Defeat Is Associated With Suicide Intent in Patients With Chronic Pain. *The Clinical Journal of Pain* 32(5):411-419. https://doi.org/10.1097/AJP.0000000000000276.

Velleman, J. David, 2008. "Persons in Prospect," *Philosophy & Public Affairs*, 36: 221–288.

Weinberg, R., 2016, *The Risk of a Lifetime – How, When, and Why Procreation May be Permissible*, Oxford and New York: Oxford University Press.

Printed in the United States
by Baker & Taylor Publisher Services